SEMILLAS EN EL VIENTO

RICK WIENECKE

A menos que se especifique todas las citas de la biblia son tomadas de: La Nueva Biblia de los Hispanos

ISBN 978-965-7542-56-9

Créditos de fotografías: Geoff Barnard, Petra Van der zande, Rick Wienecke.

Arte de la portada hecho por Kevin Moffat - mannaart.com. Usada con permiso.
Agregue la información cuando esté disponible.

Edición y fondos:
Petra Van der zande, tsur tsina publications, Jerusalén, Israel

Impreso en Israel por PRINTIV, Jerusalén & www.lulu.com

"Quién me diera que mi cabeza se hiciera agua, Y mis ojos fuente de lágrimas, Para que yo llorara día y noche Por los muertos de la hija de mi pueblo." **Jeremías 9:1 La Nueva Biblia de los Hispanos**

Información adicional

Sitios web: www.castingseeds.com
                www.lulu.com
Email: castingsesss@gmail.com

Dedicación

Quiero dedicar este libro con todo mi corazón a un dios impresionante. En su bondad él me ha dado un salvador un señor y un amigo en Jesús.

Él me ha dado a Dafna, Daniel y Yohai - una esposa maravillosa y dos hijos magníficos.

Él comparte su amor y lágrimas conmigo sobre su pueblo y su tierra.

Quiero agradecer y bendecir a todos nuestros amigos quienes han participado de alguna forma para hacer que este libro fuese una realidad.

Ustedes saben quiénes son, pero lo más importante: Dios sabe quiénes son ustedes.

TABLA DE CONTENIDOS

TABLA DE CONTENIDOS

Visitantes apreciando la exposición en el patio

CAPÍTULO 1

"¡Este es nuestro hogar! ¡No un museo!"

"¿Papá qué intentas hacer? ¡Esto es una locura! ¡Esto es un hogar, nuestro hogar! ¡No un museo!"
Yohai, nuestro hijo adolescente, sonaba muy molesto en esta ocasión. Se acababa de despertar luego de haber salido la noche anterior con sus amigos. Se había levantado de su cama usando solo sus boxers, se había encontrado con cuadro señoras mayores quienes estaban esperando en fila para usar nuestro baño de la parte baja de la casa.

"Me voy de aquí," dijo Yohai con mucha rabia. ¡Papá estás colocando un cuadro de sesenta pies de alto con siete escenas de la crucifixión y siete figuras de bronce que representan el Holocausto en nuestro patio!

"Dougi[1] y yo hemos estado pensando en comprar un apartamento en Tel Aviv y apenas vea uno de esos (judíos ultra ortodoxos) en frente de nuestra casa, me voy. ¡Me voy para siempre!" él dijo amenazando. "¿Qué habían consumido ustedes[2] cuando pensaron en esto?"

El día había empezado de manera normal y durante las horas de la mañana había estado trabajando en un encargo de una escultura de bronce en mi estudio. Aunque "La Fuente de lágrimas" no había sido completada aún, habíamos estado recibiendo grupos pequeños que llegaban para ver la exhibición de la escultura llamada La Fuente de lágrimas en el patio trasero de nuestra casa. El grupo alemán de aproximadamente 35 personas que habían llegado a las 3PM había sido la razón de la molestia de Yohai. Mi hijo y yo estábamos ahora solos en mi estudio, viéndonos fijamente. Los ojos de Yohai estaban totalmente abiertos con rabia mientras él esperaba mi respuesta. ¿Qué le podía decir a él? ¿Cómo empezó todo esto?

---

1. Dougi era el amigo de Duhai
2. ¿Qué habían consumido? ¿Esna expresión sobre las drogas lo cual significa estás drogado? ¿Estás alucinando?

En el año 2005, después que me mude a Arad y empecé a armar "La Fuente"en nuestro patio. La gente empezó hablar de este proyecto en grupos pequeños y empezaron a llamar por teléfono consultando si podían ver la obra.

Mi familia estaba en proceso de adaptarse con una gran obra de arte que poco a poco se estaba volviendo más conocida - un hecho que haría feliz a cualquier artista. Sin embargo, todas las esculturas que habían sido encargadas a tamaño real y que yo había hecho a través de los años finalmente habían salido de mi taller y me habían dado un sentimiento de satisfacción. Pero "La Fuente"mi pieza de arte más grande y la que me tomo más tiempo completar no salió nunca de mi casa, sino que se quedó en mi patio. Para agregarle más, desde un punto de vista judío, la cristiandad ha condenado de manera histórica a los judíos por la crucifixión de Jesús y eso dio base al Holocausto. ¿Cómo pude yo crecer algo que reflejaba la relación entre el Holocaus-to y la crucifixión? Me pregunté. ¡Esto es una locura! Probablemente Yohai tiene razón. ¿Qué estaba pensando yo?

Al exclamar "¡esto es Israel! ¿Acaso no sabes dónde vives?" Yohai se refería a algo más allá de una entidad geográfica. Él tenía razón, Israel es más que un concepto - es también una nación.

Quién me diera que mi cabeza se hiciera agua,
Y mis ojos fuente de lágrimas, Para que yo llorara día
y noche Por los muertos de la hija de mi pueblo.
Jeremías 9:1 La Nueva Biblia de los Hispanos

"**Mi** pueblo. Mi **pueblo**" Esas palabras me conmovieron de manera muy profunda. Hay tanta historia vinculada a las lágrimas de Jeremías. Las que derramó se convirtieron en marcas, hitos en un largo viaje que me guiaban. Los "gentiles", que iban a ser vinculados a este pueblo, Israel. ¿Podría yo atreverme a decir o quizás susurrar "**mi pueblo**"?

Así que lo que Yohai quería decir "no te das cuenta de dónde vives" esto es Israel. "Lo que tenías en el patio es muy controversial" él esta-ba preocupado por los judíos ultra ortodoxos y la posibilidad de que protestaran frente a nuestra casa.

"Te entiendo completamente y estoy de acuerdo contigo," le dije a mi hijo, "no tienes idea de cuánto. Pero Yohai, yo tenía que crear esto. Yo tenía que hacerlo."
El hecho que yo entendía su frustración no solucionaba el problema, pero por lo menos nos proporcionaba un tema de conversación.

"Si sientes que te debes ir de casa," le dije "probablemente necesitarás aprender mucho de la experiencia. Quiero que sepas que siempre puedes volver a casa, pero" le advertí "no puedo deshacer lo que he hecho con La Fuente."

Cuando él se volteó para salir del estudio me di cuenta que él tenía la misma edad de cuando yo dejé mi casa. Aunque él tenía menos edad él era más maduro que yo en aquel entonces. Durante el servicio militar de tres años los adolescentes israelíes maduran rápidamente. En el momento en que mi hijo se uniera a la FDI (Fuerza de Defensa de Israel) mi hijo se convertiría en adulto.

Solo en mi estudio traté de reflexionar sobre nuestra acalorada discusión. La Fuente que había traído varios dilemas en el pasado y que yo sabía que traería más en el futuro. ¿Acaso uno de ellos lo motivaron a empacar sus cosas e irse? Salieron lágrimas de mis ojos. ¿Valdría la pena esto? ¿Para qué? ¿Entendía yo que realmente estaba haciendo con esta obra "La Fuente de las lágrimas"? ¿Qué es lo que estaba ocurriendo dentro de mí? ¿Estoy inspirado artísticamente? ¿Qué es lo que realmente significa: una reflexión del sufrimiento, una comunidad? ¿A través de la historia acaso no se han opuesto mutuamente estas personalidades del Holocausto y la crucifixión de Jesús? ¿Quién era yo para tratar de conectar ambas?

"Mi pueblo," pensé de nuevo. ¿Por qué me siento tan atraído a ellos? Y esta tierra, Israel, muchos se han sentido sorprendidos al enterarse que tengo nacionalidad israelí.

Mis pensamientos viajaron hasta el momento en que empezó todo y me fui de la casa de mis padres hacia Ontario, Canadá. A los diecinueve años, iba camino a Vancouver en búsqueda de nuevas aventuras.

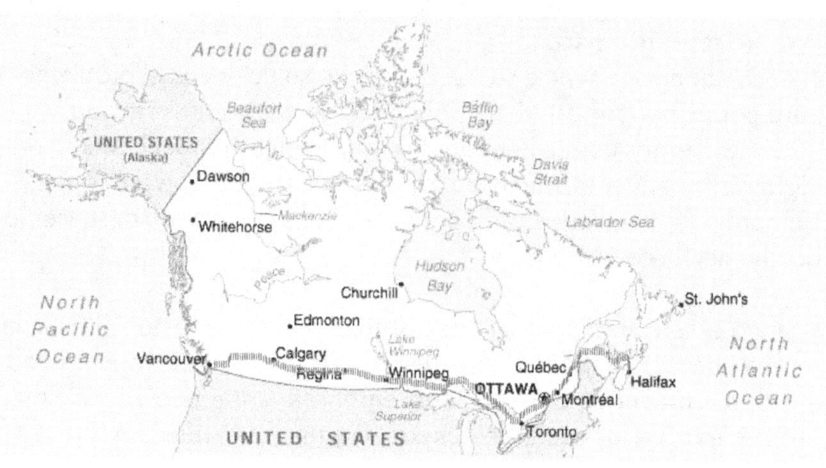

Arctic Ocean
Beaufort Sea
UNITED STATES (Alaska)
Baffin Bay
Davis Strait
Dawson
Mackenzie
Whitehorse
Labrador Sea
North Pacific Ocean
Peace
Hudson Bay
Churchill
St. John's
Edmonton
Lake Winnipeg
Calgary
North Atlantic Ocean
Vancouver
Regina
Winnipeg
Québec
Halifax
OTTAWA
Montréal
Lake Superior
Toronto
UNITED STATES

CAPÍTULO 2

Cruzando por Canadá

Los diez días de viaje por Canadá fueron impresionantes, a pesar de la constante tensión causada por el hecho de no saber si mi vieja van Volkswagen (de 1965) resistiría el viaje. Tomaba bajo los inmensos cielos de las provincias de la pradera canadiense junto con atardeceres de nunca acabar, era como pasar a través de una amplia paleta de colores. Para ayudarme en las tantas millas y largas horas de manejo, yo fumé y compartí hachís con mis dos mochileros americanos.

Incluso durante el bachillerato el hachís y la marihuana siempre formaron parte de mis fines de semana, de alguna manera me mantuve alejado de las drogas más fuertes, aunque nunca entendí por qué. Instintivamente había trazado una línea que no estaba dispuesto a cruzar. Las drogas suaves me ponían en un estado mental de felicidad, con momentos de risa y de estupidez. Yo disfrutaba esos momentos y de vez en cuando perdía el control. Cuando eso ocurría sentía un enorme miedo, un presentimiento, y el pánico que esto me causaba me daba ganas de desaparecer, pero eso nunca fue suficiente para que yo dejara las drogas.

Al llegar a Vancouver sentí una gran satisfacción, pero al poco tiempo la novedad de la costa oeste se convirtió en la rutina de mi estilo de vida anterior. Mi lema de vida era pasarla bien. Eso era muy importante para mí. La única razón por la que tenía un trabajo era ganar dinero para pasarla bien. El placer propio era lo que dominaba mi vida y no había nada que pudiera detenerme, nunca pensé en las consecuencias que este lema podía tener para mí y para los demás.

Tener mujeres y beber eran solo por placer y al seguir las reglas del "juego" en los bares y discotecas tenía bastante éxito en eso. Conocí a una mujer en un bar una noche y luego de un corto tiempo decidimos vivir juntos. Una tarde luego de beber unas cervezas ella de pronto me preguntó, "¿crees que Dios existe?"
No me gustó esa pregunta lo que me forzó a pensar en algo que no fuese yo mismo. Le dije que no creía en la teoría del Big Bang.

Yo no creía que una gran explosión, hace billones de años, había creado el universo. "Yo creo que tiene que existir un creador," yo le dije a ella, "la variedad de colores que hay cuando las hojas cambian durante el otoño tienen que ser un acto creativo intencional, no algo aleatorio o al azar."

Esta respuesta me sorprendió y al parecer le causó satisfacción a ella y el momento de pensar en algo que no fuésemos nosotros mismos pasó tan rápido como había llegado. Sí, es bueno saber que existe un Dios, pensé, pero ¿a quién le importa? Regresando a las cosas que realmente eran importantes, ordenamos otra ronda de cervezas.

Luego de unos meses, nuestra relación empezó a enfriarse, ya no había nada de espontaneidad, habíamos empezado a conocernos muy bien. Era el momento de seguir adelante.

En una vieja casa victoriana en el centro de Vancouver, alquile un apartamento económico en el sótano el cual parecía una caverna. Para poder ganar mi sustento me convertí en un conductor de taxi. Una tarde lluviosa de un domingo, el día era muy lento, y la mayoría de los conductores estaban estacionados en distintas partes de la ciudad esperando su turno. Siendo el siguiente taxi de turno, yo esperaba en mi carro que estaba estacionado en un terreno al lado de la oficina de despacho. De repente un pasajero abrió la puerta y Antonio entró al carro con una gran sonrisa en su cara. Ese hombre portugués siempre estaba feliz, pero algo especial estaba ocurriendo esta vez.
"¿Adivina qué conseguí?" Él espero a que yo adivinara. "Colombiana mezclada con ácido," yo no estaba seguro de lo que significaba eso.

Yo sabía que la marihuana colombiana era una de las mejores, causaba un "efecto" mayor que las demás. Pero ¿cómo puede mezclarse con ácido? Me preguntaba. Como era una noche lenta, decidí que eso no importaba y que íbamos a fumar el cigarro de marihuana de todos modos.

Apenas Antonio terminó de fumar, sonó el radio y allí me indicaron que decía recoger a una persona en un pueblo rural que quedaba a quince minutos de donde estaba. Yo esperaba que para el momento en que yo llegara a esa dirección el olor de las drogas se hubiese dispersado del carro, pero debido a la fuerte lluvia, no pude mantener la ventana abierta.
El efecto de la marihuana me empezó luego de diez minutos manejando - más rápido de lo usual y de manera más agresiva. De repente, sentí como que algo había bajado sobre mí y me abrumo el miedo. Mi ritmo cardíaco aumento y para el momento en que ya había llegado a ese pequeño pueblo, la paranoia se había apoderado de mí.

Aunque yo conocía el área, tuve problemas encontrando el número de la calle y estaba luchando por mantenerme calmado mientras los golpes de las gotas de lluvia en la ventana del carro me enloquecían.
Al final la dirección resultó ser una pequeña iglesia. Me pare frente a la iglesia con el motor aún encendido, mientras mi cabeza y mis pensamientos estaban andando sin parar y mi corazón estaba latiendo muy fuerte. Si me mantengo sosteniendo el volante todo estará bien pensé yo.

La iglesia era un típico edificio blanco con un techo alto y una cruz en su parte más alta. Con mi mirada fija en las dos puertas de la iglesia, me mantuve esperando que quienes fueran los clientes no salieran.

Luego de un rato las puertas se abrieron y un grupo de señoras ancianas caminaron hacia mi taxi. Todas ellas se veían igual con cabello blanco corto y mientras el agua bajaba por las ventanas del agua ellas se montaron en el auto.

Una voz en mi cabeza se mantenía diciéndome, "¡no abras las puertas! no dejes que entren!" sin embargo las puertas del carro se abrieron y una a una fueron entrando en el taxi. Dos señoras se sentaron a mi lado mientras las otras tres se sentaron en el asiento trasero llenando así el carro a su capacidad.

Me faltaba muy poco para perder el control. Sin verlas a ellas maneje lentamente sin parar. Afortunadamente, sólo era un viaje corto hasta el hogar de ancianos donde ellas vivían.

Después de recibir mi tarifa, me aleje de allí rápido. Luego de andar unos pocos pies lejos de allí detuve el carro en una orilla y apagué el motor.

Todo lo que podía hacer en ese momento era mantenerme allí sentado y respirar. Estaba tan aterrado, tan terriblemente aterrado. A veces me ocurrían cosas malas cuando estaba bajo los efectos de la droga, pero nunca había tenido una experiencia tan horrible.

CAPÍTULO 3

Una noche estrellada en un campo abierto

Los recuerdos de esa noche se quedaron en mi mente por mucho tiempo. No sabía qué hacer y no sabía si se suponía que debía hacer algo. Siempre tenía la capacidad de superar las cosas, enfocarme de nuevo y seguir adelante y buscar la siguiente aventura. Pero esta vez no podía. Por primera vez en mi vida me sentía desesperanzado y solo.

Pocas noches después saqué a mi perro a pasear y me senté en la grama de un campo tranquilo muy lejos de todo. El cielo nocturno estaba claro y adornado con millones de estrellas. La belleza y la inmensidad del universo me transportaron y me consumieron en ese justo momento.

Me sorprendí cuando el silencio quebró mi propia voz, "si hay alguien allí arriba, quiero renunciar a toda esta basura," era una especie de oración. Reflexionando sobre mi vida, me sentí muy sucio por dentro, sentí una suciedad que se había estado acumulando pero que no podía ser lavada o ignorada por más tiempo. Incluso esa suciedad parecía tener un olor - apestaba a muerte.
Por días pensé en la corta conversación que había tenido aquella noche en el campo. Debatiendo conmigo mismo si había sido una tontería, solo esperaba que nadie me hubiese visto haciéndolo. Si alguien había podido escucharme, ese alguien pudo haber pensado que yo hablaba con mi perro. Mientras hacía un esfuerzo por convencerme a mí mismo de olvidarme de eso, trate de regresar a la vida que siempre había vivido. Sin embargo, el olor continuaba allí latente.

Al final decidí hacer algo como respuesta en cierta manera a lo que yo había dicho de que debía hacerme cargo de la basura y pensé que dejar de fumar cigarrillos sería un buen paso. Según lo que decían los empaques, los cigarrillos eran malos para tu salud, así que esto parecía ser una decisión razonable. Y fue razonable, pero por solo unas pocas horas, pero luego me di cuenta de lo mucho que me gustaba fumar y de lo mucho que deseaba la nicotina.

Los cigarrillos crearon un cierto orden en mi día. Yo comía ciertas comidas solo porque el cigarrillo sabía mejor después de haberlas consumido. Tomar cerveza sin fumar era algo inaceptable. No planeaba dejar de beber cerveza, pero ¿cómo podría yo tomar sin mis cigarrillos? De repente, toda mi vida era un tormento.

Después de luchar para vivir tres días sin cigarrillos, me sentía como si me iba a morir. Me di cuenta que los cigarrillos habían sido una parte tan grande de mi vida y por lo tanto mi única respuesta en ese momento de drama en el campo se volvía cada vez menos importante.

Esa noche los viajes en mi taxi eran irritantes - la mayoría eran de distancias cortas y sin propinas. El clima era frío y parecía que iba a nevar o quizás caería una lluvia helada. La mayoría de los clientes eran borrachos tratando de llegar a sus casas en un taxi en vez de arriesgar sus vidas caminando. Tenía suerte de ganar un dólar con cincuenta centavos por cada viaje, y sin propina. No sólo era una molestia por el trabajo también era mi tercer día sin cigarrillos. ¿Por qué estoy haciendo esto? Me pregunté a mí mismo. ¡No fumar es realmente estúpido!

El momento en que declaré mi estupidez, se abrió la puerta delantera del pasajero. Una mano agarro el asiento delantero y luego la cabeza de un hombre, otro brazo y un par de piernas entraron de manera independiente al carro. Todas estas partes corporales entraron junto con un conjunto de obscenidades saliendo de una boca. Mientras intentaba acomodarse en el asiento sentado el hombre maldecía absolutamente todo y a todos. Doblado en el asiento del auto, trató de recuperar el aliento, se giró hacia mí y trató de decirme una dirección. Luego de tres intentos finalmente pude entender lo que me trataba de indicar sobre donde deseaba ir. Inmediatamente el carro estaba impregnado de hedor de borracho. Era el peor de todos los olores, porque no sólo se trataba de alguien que solo bebía mucho, en su caso el alcohol lo había consumido. Este hombre no había estado tomando por solo una noche, sino que lucía como si había estado tomando durante varios días. Me impresionaba el hecho de que aun recordaba su dirección.

Teniendo una idea general de donde estaba la casa, yo estaba seguro de que sería una casa vacía - nadie podría vivir con semejante hombre. Cómo logró cruzar la calle desde el bar del hotel hasta el taxi desafiaba cualquier lógica.

Por espacio de diez minutos el hombre se sentó en calma en su asiento y yo pensé que se había quedado dormido. De pronto se despertó y empezó a murmurar, luego se empezó agitar y empezó a registrar sus bolsillos.

Él se calmó cuando consiguió lo que estaba buscando. Apoyándose en el asiento del carro, él tomó un cigarrillo de una caja toda dañada. Logrando colocar el encendedor en el extremo del cigarrillo, lo prendió e inhaló.

Hasta ese momento todo lo relacionado con ese pasajero lucía y olía muy mal. De repente, una luz entró a mi alma y tuve una sensación de alivio y hasta sentí como un rescate. Este roto y miserable ser humano iba a salvarme. Realmente no estoy fumando pensé yo, solo inhalaré lo que él expulse. Fue un cambio extraño. Ya que mi asco anterior se había convertido en aprecio y hasta en un sentimiento de amistad.

Debido al temprano invierno, la noche estaba tan fría que debía mantener las ventanas del carro cerradas, previniendo así que se escapara el humo. Mientras esperaba que el humo del cigarrillo llegara a mí, me sentí feliz por primera vez en varios días. Cuando el humo pasó alrededor de mi cara, lo inhalé profundamente, pero para mí sorpresa, en vez de disfrutar el efecto, dentro de mi todo se sintió como revuelto, fue un rechazo. Es difícil describir el asombro que sentí en ese momento. El humo se había convertido en algo vil, extraño para mí, algo que nunca había conocido. Mi viejo "amigo" ahora me causaba náuseas, tanto así que hacía revolver mi estómago al punto que estaba a poco de vomitar. Rápidamente baje la ventana del carro ya que no me importaba el frio, solo necesitaba aire fresco.
Con mi cabeza parcialmente fuera de la ventana, no solo inhalé el aire fresco, sino que intenté separarme físicamente del humo.

Mi pasajero no podía entender por qué había tanto frío y viento en el taxi tan de repente. Cuando se dio cuenta que yo había bajado la ventana y que no estaba por bajarla, él empezó a insultarme con cada palabra obscena que podía recordar. No me importó. Y el hecho de que se negó a pagarme tampoco me molestó.

De regreso al pueblo traté de entender qué había ocurrido. Ya yo no entendía quién era yo, algo dentro de mi había cambiado. Algo que había sido muy importante para mí en el pasado se me había sido arrebatado. Era como si nunca había fumado en mi vida y sabía que más nunca iba a fumar de nuevo.

Pero había más. Al orillar el carro cerca del camino me quede sentado allí. Mirando fijamente hacia adelante, no quería pensar, pero no pude evitarlo. Alguien me había cambiado, pero yo no había tenido nada que ver con ese cambio, pensé. Luego sentí algo de miedo. ¿Quién me cambió? ¿Quién hizo esto? ¿Me había escuchado en el campo? ¿Qué estoy pensando en realidad? ¿Y quién es Él? Tengo que saber las respuestas a estas cosas, tengo que saberlo.

Así empezó mi búsqueda por Dios - este personaje llamado "Él". Sabía que esto se escapaba de lo que yo sabía, era algo más allá de lo que yo podía ver y algo fuera de mis sentidos naturales. Él era algo o alguien espiritual, lo que sea que eso signifique.

CAPÍTULO 4

Descubriendo el Éxodo

En mi búsqueda por la verdad, intente con varios tipos de meditación, expansión mental y todo tipo de dietas. Aunque yo quería encontrarlo a "ÉL", si Él estaba realmente allí, yo deseaba que Él se mostrara ante mí. Mi corazón sabía que Él existía, pero no me atrevía a decirlo en voz alta. El pensamiento me asustaba y me atraía al mismo tiempo.

En un día lento yo estaba en mi apartamento de sótano, sintiéndome totalmente aburrido. Era uno de esos días en que no encontraba nada que hacer o lograr que algo pasara. Incluso el aire sonaba pesado y usado, lo cual no me sorprendía porque todo en ese sótano era viejo y desechado. La mayoría de los muebles habían sido conservados por algún pensamiento ilógico sobre darles un uso futuro.

Me quede en mi pequeña habitación con mi único amigo real, un televisor de dieciséis pulgadas como compañía, aislándome así de la basura que se encontraba al otro lado de la puerta. Ese otro lado estaba lleno de cosas viejas en cajas de cartón que incluso la memoria había dejado atrás y de repisas de metal que nunca se quedaban derechas, llenas de libros viejos de todos las formas y tamaños. Poco después, luego de media hora, quizás mi aburrimiento podría terminar con un programa de TV. Al salir del baño, miré algunos libros en la repisa y los toqué ligeramente con mi dedo - algo que nunca antes había hecho.

Leer era algo que siempre había evitado y nunca entendía por qué la gente hablaba maravillas sobre ello. Mis padres amaban leer y mi hermana mayor era una adicta a los libros. Ella siempre decía cosas como, "este libro es tan bueno. No puedo dejar de leer," o, "avísame cuando lo hayas terminado de leer," la más difícil de creer para mí era, "la película fue buena pero el libro es mucho mejor."

No importa lo que pase, pensé, no voy a matar mi aburrimiento leyendo un libro.

Siempre me gustaba alardear del hecho que culminé secundaria sin haber leído un libro, una actitud que me había ganado una alta estima por parte de mis amigos. Pero ahora estaban muy lejos de mí en este momento y tenía que esperar otros quince minutos para que empezara el programa de las cuatro de la tarde. Tomé un libro al azar y caminé hacia mi cuarto limpiando el polvo de mis manos con mis pantalones.

La única silla en mi habitación era vieja y confortable. No abrí el libro de inmediato, pero pasé las páginas varias veces mientras lo tenía en mi mano. De alguna forma el título, Éxodo, me recordó algo, y poco después se me vino a la mente que existía una película que había sido basada en ello. Quizás hay algunas imágenes allí, pensé. ¿Qué tan malo puede ser? Solo quedan diez minutos para que empiece el programa de TV. Cualquier cosa puede ser mejor que leer este libro. Las pocas imágenes en blanco y negro que había en el libro no significaban nada para mí. Sin embargo, en el momento que empecé a leer me atrajo mucho la historia. Empezó de manera rápida con una mezcla de cosas. Un reportero encontrándose con un viejo amigo, una enfermera de vacaciones en Cypress, esto captó mi atención.

Había un barco lleno de niños, niños judíos. Aunque había muchas cosas que no entendía, por alguna razón no quería detenerme, leeré hasta las cuatro y media, decidí en ese momento. La historia se volvió más complicada mientras aparecían nombres como Haganah, Palestina, el Mandato Británico y Holocausto. Había miles de cosas que yo no entendía, pero en ese momento me había olvidado de qué hora era. Cuando ya estaba muy oscuro como para seguir leyendo, empuje la silla para estar más cerca del único bombillo en la habitación. Finalmente me quedé dormido en la silla con el libro en mis piernas.

La mañana siguiente, quería seguir leyendo, pero debía ir a trabajar. Ese día, hice todo lo que debía hacer y regresé a casa rápido para seguir leyendo. Este patrón siguió durante la semana e incluso mientras trabajaba mis pensamientos me tomaban de vuelta a la historia. Parecía como si mi apartamento tenía vida y estaba esperándome, esperando mi llegada. Era emocionante.

Justo después de sentarme en mi silla me transporté de nuevo al mundo de éxodo. Era un lugar de lucha, no sólo contra los alemanes, sino contra los británicos, rusos y polacos.

Para estos judíos se trataba de una lucha contra una separación de dos mil años de una tierra que ahora parecía abrir sus puertas a su antiguo pueblo luego de su mayor devastación en la historia - el Holocausto. Holocausto era una palabra que parecía quedarse sola entre otros nombres que eran presentados en este libro. Era la palabra que unía todos los puntos de vista de cada uno de los grupos de persona que estaban representados en la historia.

¿Por qué esta historia parece poseer una parte de mi vida? Me preguntaba. No solo estoy leyendo un libro, sino que estoy aprendiendo sobre una historia conectada a un pueblo que es tan extranjero, tan lejano a mí. Aun así, seguí leyendo.

A través de personas famosas en la historia, Leon Uris explicó la historia sobre el sufrimiento de los judíos en el Imperio Ruso al final de los años 1800s. Leí sobre jóvenes judíos emigrando a la palestina otomana para formar granjas comunales. Los judíos se fueron de Europa porque estaban siendo perseguidos, pero al mismo tiempo ellos estaban siendo llamados de manera espiritual a regresar a este Israel.

Aprendí acerca de campos de concentración, los vehículos de ganado, los campos de trabajo, las marchas de la muerte, las pilas de cadáveres que aún no habían sido quemados en los hornos. También aprendí sobre esos cuerpos que hasta hoy en día no han sido descubiertos y que se encuentran en lugares oscuros de bosques distantes. Esta parte del libro lograba paralizarme ya que yo no sabía nada del Holocausto. Mi principal fuente de información, la televisión, me había servido para ver muchísimas películas acerca de la Segunda Guerra Mundial y que los americanos siempre eran los tipos buenos y los alemanes los tipos malos.

Mi conocimiento del medio oriente era igual de mal. Las noticias internacionales no me interesan para nada. Para mí el medio oriente era una guerra a punto de estallar. Mientras no afectara mi noche del viernes o sábado, no era importante así que no me importó.

Al leer este libro, cambió algo dentro de mí. ¿Debería detenerme ahora o después de terminar la mitad del libro? Me preguntaba a mí mismo. ¿Necesito saber más? Quizás debo seguir siendo normal. Aun así, no podía detenerme y seguí leyendo.

Cuando llegué al período de la guerra de la independencia, el libro proporcionó información detallada que se puede resumir en que los judíos eran muy pocos en números y no tenían suficientes armas. Tres de los siete ejércitos árabes atacando Israel habían sido entrenadas por los británicos y estaban bien equipados. Luego me di cuenta que esta guerra pudo haber sido el último paso de la "solución final" que Hitler tenía en mente. Cuando leí sobre la guerra de Independencia que había logrado el nacimiento del estado de Israel en 1948, me sentí cada vez más afectado emocionalmente. Ellos no tenían posibilidades de ganar, pensé yo, pero sí ganaron. Un grupo de personas que sólo tres años antes de esto habían perdido dos tercios de su población en Europa. Ellos habían luchado en una guerra imposible. Su supervivencia era un milagro.

De repente se me vino algo a la mente, si existe un Dios en las alturas, y estoy empezando a creer que sí lo hay, él debe tener algo que ver con estos judíos. Debo averiguar qué hacen ellos.

CAPÍTULO 5

El Rescate de Entebbe

Después de terminar el libro lo leí por segunda vez y empecé a revisar algunos de los hechos históricos que se mencionaban allí. La mayoría de esos hechos eran correctos. Luego empecé a buscar libros acerca del Holocausto y los inicios de Israel como un estado. Me los leí todos de manera voraz. Me estaba dirigiendo hacia algo, hacia qué, pues yo no lo sabía, pero sentía como si algo me estaba empujando. Sabía que era algo que tenía que ver con Él.

El 27 de junio de 1976, mientras viajaba hacia Vancouver, sin pensarlo empecé a jugar con la radio de mi auto buscando algo de música. Casi siempre, cuando sintonizaba una estación de noticias, yo cambiaba rápidamente a otra estación. Sin embargo, cuando escuché la palabra "Israel" giré el sintonizador para tener una mejor recepción.

Aquella profunda y seria voz del locutor reportaba acerca de un secuestro de un avión de Air France, vuelo 139 que cubría la ruta desde Tel Aviv hasta París. El avión había sido abordado por terroristas alemanes conectados a la Organización para la Liberación de
Palestina. A bordo del avión
había judíos extranjeros, israelíes y personas de otras
nacionalidades. Los rehenes
fueron llevados al Aeropuerto
Entebbe en Uganda, África y a
su llegada los judíos fueron
separados de los demás.

Algo me afectó. Me sentí emocionalmente conectado, quería saber qué iba hacer el gobierno israelí ante esa situación. Los secuestradores exigían la liberación de un gran número de integrantes de la Organización para la Liberación de Palestina que se encontraban en prisiones

Aeropuerto Entebbe en Uganda

israelíes a cambio de la vida de los pasajeros judíos de ese vuelo. Si estas exigencias no eran cumplidas los secuestradores iban a empezar a matar a los rehenes en pocas horas. ¿Por qué? Me preguntaba. ¿Por qué sus vidas tienen tanto valor? De alguna forma los judíos siempre son intercambiados, pero la mayoría del tiempo son buscados para ser asesinados.

Durante los siguientes días esta pregunta me seguía mortificando y traté de estar al tanto de los reportajes de los noticieros acerca del secuestro. Los secuestradores mantenían a los judíos en una habitación aparte en el aeropuerto. ¿Por qué los separaron de los demás pasajeros? ¿Por qué existía esta "selección" - una palabra muy pesada para los oídos de cualquier sobreviviente al Holocausto - y ahora de nuevo era utilizada e implementada por alemanes? Luego me enteré que durante las primeras 24 horas se había logrado un acuerdo para darle unos días al gobierno de Israel para que decidiera qué hacer. Por lo menos de esta manera les daba una oportunidad para respirar.

Unos días después, el 4 de julio, mientras iba manejando hacia Vancouver, busqué sintonizar la estación de noticias en mi radio. Estaba aterrado respecto a lo que podía escuchar en esa ocasión ya que la fecha límite que habían dicho los terroristas estaba cerca.

Al mismo tiempo me
preguntaba por qué
yo me sentía preocu-
pado, por qué sentía
esa empatía, seguí
cambiando las esta-
ciones hasta que es-
cuché una voz.
Mi corazón se detu-
vo por un momento
cuando escuché gri-

tos, risas y mucha gente hablando al mismo tiempo. ¿Y también había
gente cantando?

Con mucha emoción en su voz, el reportero trató de describir la escena en la pista del aeropuerto Ben Gurion en Tel Aviv.
Él estaba rodeado de los judíos rescatados quienes habían regresado a
casa sanos y salvos desde Entebbe.

El reportero habló sobre los soldados de las Fuerzas de Defensa Israelí
y que los pasajeros estaban ahora a salvo. Todo lo que pudo lograr
que le dijeran los pasajeros fue una oración que se ahogó en lágrimas.
¡Habían sido salvados! ¡Yo no podía creer lo que estaba escuchando!
Por medio de una misión increíblemente compleja y peligrosa, Israel
envió un grupo élite de soldados para rescatar a su gente.
Esta vez la selección había fallado - ¡los judíos vivieron!

Es imposible describir lo que me pasó en ese momento, pero es como
si algo había estallado en mí, algo que estaba en erupción y buscaba
una manera de salir. Orillé el carro al lado del camino y empecé a sollozar, luego a llorar mientras seguía en la radio la celebración y los
gritos de alegría. Todo era tan extraño, nada típico de mí.
¿Por qué me siento de esta forma por personas que ni conozco? Me
preguntaba. De repente todo ya era claro para mí y sabía algo con seguridad: debo ir y ver ese lugar, ¡ese lugar llamado Israel!

CAPÍTULO 6

Prepararse para la Experiencia

Salir de Vancouver fue más complicado de lo que había imaginado.
Si mi destino era Israel, ¿cómo iba a lograr eso? El plan básico era
durar seis meses en Israel y luego viajar de mochilero por Europa.
En mi mente lograr esto me tomaría un año entero.

Considerando el problema de cómo ganarme la vida mientras estuviese en Israel, pensé en que existirían compañías americanas o canadienses que requerían personas que hablasen inglés y posiblemente me ofrecerían un empleo.
En una carta a la Embajada de Israel en Ottawa, escribí acerca de mis planes de viaje y pregunté si tenían una lista de compañías extranjeras en Israel. Luego de dos semanas me enviaron una respuesta, incluyendo una lista de veinticinco compañías distintas en Israel que tenían su compañía matriz en Norteamérica. La carga de la Embajada de Israel parecía hacer más factibles mis planes de viaje y con esto yo estaba animándome para hacerlo. Leí de manera cuidadosa los nombres de las compañías y la información de contacto de cada una. Al final de la página note una dirección en Vancouver de un centro comunitario judío. No sabía que existía un centro judío en Vancouver, pensé.
¿Pero por qué tendría que estar sorprendido?
Hasta hace pocas semanas yo no sabía que existían los judíos.

El centro comunitario sería un buen lugar para empezar ya que era un área céntrica que yo conocía. Mientras me dirigía a ese centro particular esa mañana empecé a cuestionar mis acciones. Escribir esa carta a la Embajada había sido el resultado de un encuentro emocional que aún yo no entendía. El libro de Éxodo había sido un comienzo, pero era solo un libro, una historia muy bien relatada históricamente que vinculaba a un país y a su pueblo. Pero en cualquier otra manera Israel no había existido para mí. La dramática pieza de historia del rescate de Entebbe me había acercado más a la realidad. Me preguntaba qué podría ocurrir luego de mi visita a este centro.

El edificio era de dos pisos y tenía una enorme Estrella de David sobre la entrada principal. En el vestíbulo principal vi la lista de oficinas con sus pisos y números correspondientes hasta que presuntamente encontré la oficina correcta - el Departamento de Información de Israel, oficina treinta y siete, segundo piso. Voy a subir por las escaleras, pensé. El ascensor es muy rápido. Necesitaba tiempo para pensar. Estaba a punto de contactar a una persona real. Esta vez, no se trataba de un libro o un boletín de noticias o una carta. No, esta vez era alguien en persona. Necesitaba tiempo para pensar en las preguntas que le iba hacer a la persona que iba ver.

Mientras más subía por las escaleras más nervioso me sentía y para el momento en que llegue a la oficina treinta y siete, mi cabeza parecía dar vueltas. Debajo del logo del Departamento de Israel había un gran afiche que mostraba un hermoso, fértil valle que lucía como una falda hecha de campos cuidadosamente tejida.

Cada cuadro tenía un cultivo distinto en un color distinto, cómo si había sido colocado con un orden ya creado. Al fondo, se veía como un muro cuidando al valle, había amplias colinas que lo rodeaban. "Hula" leí que decía en la parte baja del afiche. Debe ser un lugar en Israel, pensé. El valle parecía apoderarse de todas mis preguntas y calmar mis nervios. La imagen era tan maravillosa y acogedora.

Sin embargo, en el momento que entré en la oficina, ese sentimiento de tranquilidad ya no estaba en mí. La pequeña oficina tenía espacio suficiente para un escritorio grande y viejo de madera con sillas de madera igual de viejas que el escritorio. Al sentarme en una de las sillas, miré alrededor, esperando que ir allá sin aviso, había una buena decisión. A duras penas se veía un espacio libre, había imágenes y notas pegadas en todas partes. Algunas de esas notas parecían oficiales e importantes mientras que otras parecían sólo listas de compras viejas. La desordenada oficina me causó un efecto relajante.
Cuando las cosas son muy ordenadas, por lo general me siento muy nervioso cuándo las cosas son muy formales. De alguna manera supe que el hecho que no había hecho una cita no importaría mucho.

Había estado esperando por diez minutos y la puerta detrás de ese gran escritorio se abrió de repente. Sus brazos estaban llenos de archivos y carpetas, era una mujer joven que estaba entrando a la oficina. Al sentarse sobre la silla colocó los archivos sobre el escritorio y soltó un suspiro de alivio. Y luego ella notó que yo estaba allí.

"¡Hola!" dijo ella y le respondí de la misma manera. "Espero no hayas estado esperando por mucho tiempo," al decir esto colocó los archivos a un lado. "He estado tratando de obtener estos reportes por dos semanas," probablemente se mudarán del escritorio hacia los muros en pocos días, pensaba yo mientras asentaba y sonreía.
"Soy Sarah Cohen," se presentó ella. "Soy la secretaria del shaliach, es decir el representante israelí que está en cargo de ayudar a la gente de la comunidad judía para inmigrar a Israel. Somos el puente entre la diáspora y la tierra, Israel."
Sarah era cálida y amigable. "Lamento que Motti, el shaliach, no esté aquí hoy, pero quizás yo pueda ayudarte. ¿Tienes alguna pregunta?"
Le dije que estaba interesado en visitar Israel y me preguntaba cómo podía estar allá durante seis meses," la embajada israelí me dio una lista con nombres de compañías," le mostré la carta. "¿me puede recomendar alguna de ellas?"

Sin tomar en cuenta lo que decía en mi carta, Sarah me dijo, "si vas a ir por seis meses entonces ¿por qué no intentas trabajar en un Kibutz? yo trabajé en un kibutz el verano pasado, allí tendrás un lugar para vivir, comida y algo de dinero extra," sin pausar para respirar ella continuó hablando, "si estás allá por esa cantidad de tiempo, ellos podrían incluso ofrecerte un ulpan, allí puedes aprender hebreo durante la mitad del día y en la otra mitad del día trabajas. ¡Creo que eso dura seis meses!"
"¿Sería un problema el hecho que no soy judío?" le pregunté.
Cuando Sarah empezó a revisar los papeles que estaban sobre su escritorio, me pregunté si no me había escuchado hasta que, con una gran sonrisa, ella sacó un folleto muy colorido que encontró en un montón grande de papeles. "No, eso no es ningún problema. Ellos permiten que un diez por ciento de no-judíos atienda el ulpan, así que sí puedes entrar. Mira aquí."

Al ver las fotos, vi hombres y mujeres usando camisetas, pantalones cortos y sandalias además de más fotos de los campos hermosos y maravillosos. No me había dado cuenta de lo bien que representaba a Israel: belleza en el medio de un caos organizado.

"Puedes quedarte con el folleto," me dijo Sarah sonriendo "Es un milagro que lo haya conseguido." Por lo menos, pensé, este no será colocado en uno de los muros de la oficina. Estaba feliz de recibirlo. Al visitar el centro comunitario ya había avanzado un paso más. Había una creciente motivación, como un río empujándome hacia una dirección determinada. Aunque no entendía que estaba ocurriendo, sentí una calma profunda dentro de mí. Era como si alguien me estaba diciendo "Está bien. Solo sigue la corriente."

Pero existían otras razones por la cuales me quería ir de Vancouver. Varias veces pedí dinero prestado dejando como garantía mi vieja camioneta Datsun sin decirle nada sobre mis otros préstamos pendientes por pagar a los gerentes de los bancos. Para ese entonces, los bancos se dieron cuenta que no podían dividir el carro en varias partes cuando no pudiese hacer mis pagos mensuales.
Sabía que estaba en aprietos. Y además de eso, había un problema con mi licencia para conducir. Tenía tantas multas que la policía quería revocar mi licencia. Sabiendo que la notificación llegaría a mi correo pronto, tenía que irme de British Columbia y regresar a Ontario antes que llegara la carta. Una vez allí, podría cambiar mi vieja licencia por una nueva licencia de Ontario.

Luego de empacar todo lo que tenía, lo cual no era mucho, compré un boleto de ida para regresar a casa. Lo último que hice fue colocar las llaves en una pequeña caja que envié por correo a uno de los gerentes de banco. No creo que acompañar la carta con una disculpa lo haya consolado mucho.
La idea de regresar a Ontario me causó una mezcla de emociones. Por una parte, iba ser positivo ver a mi familia y viejos amigos, pero me preguntaba, ¿qué pensarán ellos de mis planes de ir a Israel y trabajar en un kibutz? ¿Qué les voy a responder cuando me pregunten por qué?

Sabía que la mayoría de mis amigos no me iba entender si les decía de
manera honesta "porque estoy buscando a Dios y creo que tiene algo
que ver con esos judíos"

"¿Dios? ¿El Holocausto? ¿El principio de Israel como estado?"
Todo esto vendría en forma de preguntas, preguntas y que yo no podía responder. ¿Cómo podría yo responder? No tenía respuestas, solo
preguntas. Mi familia iba pensar que yo estaba loco, y estaban en todo
su derecho de creerlo.

Decidí facilitar las cosas y no mencionarles nada sobre mis planes.
Mi plan era vivir con mis padres, obtener un trabajo ganar algo de
dinero y luego, cuando tuviese mis pasajes, pasaporte y haber llenado
todas las planillas, solo entonces les diría hacia dónde viajaría.
Y en caso que mis padres se alarmaran, supuse, sería solo un corto
espacio de tiempo antes de que partiera.

Todo parecía estar andando como lo había planeado: mientras estaba
en casa de mis padres, trabajé en un almacén grande e hice tanto
sobre tiempo como pude para guardar dinero.

Sarah Cohen me había dado del shaliach en Toronto, con el cual me
encontré en secreto. Luego de pensar en una excusa para ir a la ciudad, Shaul y yo nos encontramos cada dos semanas en el Centro
Comunitario Judío de Toronto. Allí, él me entrevistó, me dio planillas
para que las llenara, y tenía que pasar un examen médico. Shaul era
amigable y muy servicial, revisaba todo. Él me aconsejó, me mostró
mapas y me dio información y hasta me dijo su propia historia.

Después de varios viajes encubierto hacia Toronto, todo lo que debía
hacerse estaba ya hecho: los papeles necesarios estaban ya entregados y todas las planillas requeridas ya habían sido enviadas a la oficina
principal en los Estados Unidos y a varios kibutz. Lo único que tenía
hacer ahora era esperar hasta que Shaul me informara sobre cuál
kibutz me había aceptado y cuándo debía ir allá.

Para finales de noviembre, yo había estado trabajando continuamente
por un espacio de tres meses.

Para ahorrar tiempo y dinero, había estado manejando una bicicleta de diez velocidades para ir al trabajo, pero ahora el invierno había llegado y andar en bicicleta se volvió difícil con tanto frío.

Todo este tiempo mis padres se habían comportado bien conmigo, era como si nos estábamos convirtiendo en mejores amigos. Hablábamos por largo rato, algo que nunca antes había pasado. Disfruté esos momentos que pasamos juntos. Estoy seguro que me querían preguntar qué me pasaba, pero probablemente ellos temían que la relación cambiaría si le daban mucha atención al cambio que veían en mí.

Ellos no estaban acostumbrados a verme tan serio y enfocado. No salía con mis amigos, no estaba emborrachándome o drogándome, ni siquiera en los fines de semana. Ellos se dieron cuenta que tenía un carácter más tranquilo y decía menos obscenidades y que de alguna manera yo había cambiado. Sentía que me trataban como si fuese una rara mariposa: de esas que cuando te acercas mucho se alejan volando y nunca regresan. Así que a mis padres les gustaba el nuevo Rick, pero mantenían su distancia, hasta que no pudieron aguantar más su curiosidad.

En un domingo en particular yo había planificado tomar un turno nocturno en el trabajo para ganar algo por sobre tiempo, pero eso no funcionó. En vez de eso, después de cenar con mis padres e irme a la sala donde me acomodé en una de las sillas cómodas ya que ninguno de nosotros tenía algo que hacer, empezamos hablar de política local, una posible huelga en General Motors o el clima. Nos preguntábamos si el invierno iba llegar temprano ese año.

"Me sorprende que aún uses la bicicleta durante estos días tan fríos," me dijo mi papá. "Deberías pensar en comprarte un auto para el invierno."

Para un espectador, esto podría ser una típica conversación canadiense sobre el clima, pero había algo más que eso en el fondo. Sentía que mis padres me estaban probando, era una manera indirecta de indicar que querían saber más, de acercarse a mí de manera personal.

El tiempo había llegado para develar mi secreto, "no necesitaré un carro papá, porque no espero estar aquí cuando llegue el invierno." Al confesar esta información le di una oportunidad a mi papá la cual aprovechó de inmediato, "tu madre y yo sabíamos que tenías planes para viajar. ¿A dónde planeas ir?"

Ahora me tenía sin escapatoria, ya que estaba obligado a dar una respuesta directa y reveladora.
De inmediato aquella cómoda silla empezó a sentirse menos cómoda hasta que me di cuenta que su pregunta no era una trampa. Era una pregunta con una intención de "saber más" de manera amigable, se trataba de dos confidentes que podían recibir información privada que yo no sabía ni cómo comunicar. Yo sabía que incluso si mis padres no entendían lo que les iba decir, igualmente me escucharían sin atacarme.

Tomé un respiro profundo, y dije de manera tímida "¡voy a Israel a trabajar en un kibutz!" me sorprendí por lo directo que fui al decir eso.
    "¿Un 'ki' qué?" exclamó mi papá.
Un profundo silencio descendió sobre la sala y parecía que todos se habían quedado sin habla. Mi padre rompió el silencio con un comentario sorpresivo "¡oye! Tú aprenderás mucho de un viaje como este"

Al principio parecía una respuesta simple pero luego descubrí que su reacción había sido muy profética. Claro que ahora ellos querían saber todo de mi viaje, así que les conté sobre el shaliach israelí y el proceso de aplicación en Toronto. Además de darles una fecha aproximada de cuándo me iría, pero no les dije más ya que habían recibido suficientes noticias fuertes en un mismo día. ¿Cómo iba a explicarles sobre mis sentimientos por Dios, el Holocausto y mi interés en los inicios de la historia de Israel?

Decidí que no les diría más nada. Ya habían tenido suficiente y yo podía lidiar con las siguientes preguntas a medida que fuesen surgiendo.

CAPÍTULO 7

Diciendo Adiós

Luego durante esa misma semana Shaul me informó sobre un kibutz que me había aceptado y que iba empezar el ulpan para mediados de enero. Es decir, ¡solo faltaba un mes y medio para eso! El ritmo de la preparación para mi viaje a Israel había empezado como una caminata tranquila y ahora me sentía como si estaba corriendo. ¿Realmente sé lo que estoy haciendo? Esa era una pregunta recurrente. Todas esas cosas extrañas que había hecho este año habían ocurrido en mi país, pero mis próximos pasos debía tomarlos en un país sobre el cual sólo había leído o escuchado de otras personas que habían ido allá.

"¡No entiendo cómo puedes poner en peligro tu vida!" era la reacción más común. "Hay lugares más seguros a los que puedes viajar. ¿Por qué Israel?"

Si estás buscando luchar por una buena causa, ¿por qué no ayudas a los indígenas en las reservas de Ontario del Norte?"

"¿Por qué los hebreos? Tu viaje de regreso será en una bolsa para cadáver."

Afortunadamente, mis padres, quienes parecían entender la razón por la que yo tenía que ir, me dieron motivación de manera amable y cuando mi estresada hermana y mi cuñado se dieron cuenta que yo no iba cambiar de parecer, decidieron que "esperarían a ver qué pasa".

Al pasar el tiempo, Shaul quién era el shaliach y yo nos habíamos vuelto amigos. Después que se enteró de que yo no era judío su respuesta fue, "Israel es para ti también, eres bienvenido." Me caía bien porque tenía una forma directa de hablar y siempre hablaba directo al grano. Para muchos occidentales eso podría parecer algo maleducado, pero a mí me gustaba su perspicacia. Al ser directo y honesto eso no daba lugar a que se dieran malos entendido con él.

Mi última visita al centro comunitario fue para decirle adiós a Shaul y agradecerle por toda su ayuda.

Nos dimos un apretón de manos y cuando me daba la vuelta para irme él me dijo, "Rick tú estás interesado en el Holocausto. Hay una película que está basada en una historia real de ese mismo período. Tiene funciones en el teatro que está en Danforth, en el centro de la ciudad."

Esta era un área de Toronto que estaba a diez estaciones de metro del centro comunitario, pero yo había planeado volver a casa, ver algo de TV e ir a cama para estar fresco para el trabajo. Esta había sido mi rutina durante los últimos tres meses y aún me quedaba un mes antes de mi partida. Así que ¿qué tal esa película que mencionó Shaul? No iré a la película yo solo, fue lo que pensé.

Pero hoy había sido un día especial. Tenía todos los papeles necesarios, nombres de contactos en el kibutz incluso direcciones y números de buses que debía tomar desde el aeropuerto en Israel. Estar asignado al Kibutz Ramat Hakovesh, lo cual significaba "Colina del Conquistador", sentí que había conquistado algo en mí mismo, pero no estaba seguro de qué era. En la parada de bus de Danforth me bajé y decidí celebrar haciendo algo distinto: después de comer una hamburguesa, iba ir al cine a ver la película, solo.

Caminando por la calle note un gran aviso que decía "El Teatro de la Calle Pape presenta El lugar de Escondite". Ya que ese era el único teatro en toda esa área en Danforth, pensé que ese era el lugar correcto. Shaul no sabía el nombre de la película, solo que tenía que ver algo con el Holocausto. En la entrada del teatro había un afiche promocionando una película que mostraba una fotografía de soldados alemanes empujando gente hacia un camión. En el fondo se podía ver una grande y aterradora esvástica. Durante la media hora antes de la próxima presentación, las imágenes del afiche no dejaban de andar en mi cabeza mientras me comía mi hamburguesa y papas fritas.

Luego de leer Éxodo, he leído más libros sobre el Holocausto, como QB VII y Mila 18 también de Leon Uris. Para ser alguien que nunca antes había leído un libro, las obras de Leon Uris me abrieron los ojos ante un mundo totalmente nuevo.

Esos libros me ayudaron a entender que el Holocausto había sido una terrible "puerta" para los judíos. Entrar por esa puerta le dio nacimiento al Estado de Israel. De alguna manera, este Dios, quien sea que fue o es, hizo que esto ocurriera. De alguna forma él estaba involucrado.

Quería saber si esta película mostraría algo sobre esta terrible puerta, compré mi boleto y entré a la sala justo antes que empezara la película. Se sentía algo extraño estar allí solo, pero esa sensación se me pasó al poco rato.
La historia de "El Lugar de Escondite" ocurría en Holanda bajo ocupación Nazi durante la Segunda Guerra Mundial, principalmente se enfoca en un padre anciano y sus dos hijas solteras de mediana edad. Estos devotos cristianos veían su fe unida a los judíos con sus luchas durante la guerra. El padre Ten Boom, Corrie y Betsy comprendían que al solidarizarse con los judíos pondría en peligro sus vidas al igual que todo lo que fuese propiedad de ellos.

A pesar de todos estos riesgos ellos crearon un lugar de escondite para judíos en su hogar y eso no se debía a que se sintieran superiores a nivel religioso, sino porque sentían que ayudar a esa gente era un privilegio. A pesar de las diferencias, ellos creían que los judíos y cristianos podían compartir juntos. Luego me enteré que muchos judíos estuvieron atrapados en situaciones de vida o muerte, pero que muy pocos cristianos sintieron la responsabilidad de ayudarlos. Estas tres personas, que habían estado ayudando a ocultar judíos, fueron traicionadas y arrestadas por la Gestapo. Afortunadamente, cuando la familia de Ten Boom fue arrestada los judíos que estaban escondidos en su casa no fueron encontrados y lograron escapar.

El padre Ten Boom murió en prisión y las dos hermanas fueron enviadas a un campo de concentración donde sufrieron el mismo infierno que había sido creado para los judíos. Betsy no sobrevivió esa situación y gracias a un milagro soltaron a Corrie. Estas tres personas habían practicado su fe al dar sus vidas por las de los judíos, no palabras piadosas, sino una acción. Comparados con la mayoría de los cristianos que estaban alrededor de ellos, los Ten Booms hicieron todo esto prácticamente solos.

Nunca olvidaré una escena de la película. Un pastor trató de advertirle a la familia, convencerlos de dejar de ayudar a los judíos. El padre Ten Boom argumentó con el pastor, "¡los judíos son el pueblo elegido, la manzana del ojo de Dios!"

"¡Ellos son los que mataron a Cristo!" exclamó el pastor.
En ese momento una de las hermanas entró a la habitación sosteniendo a un bebé envuelto en telas. Al ver al pastor ella exclamó, "¡Oh Pastor! Usted es una respuesta a nuestras oraciones. Usted vive en el campo. ¡Este bebé puede estar a salvo con usted!". El pastor rechazó ayudar al bebé usando la excusa de que un niño podría en peligro su vida y la de su familia. "Además los cristianos debemos obedecer la ley," dijo él. Y se fue de esa casa rápidamente.

"¿Cómo puede llamarse este hombre un cristiano?" dijo Corrie molesta.

"Encontrar un ratón en la jarra de galletas no significa que el ratón sea una galleta también," respondió su padre.

Después de ver la película, pensé que de alguna manera nuestras acciones nos definen y no nuestros títulos religiosos. Aunque mis padres llevaban a la iglesia cuando era joven yo no sabía mucho acerca de la cristiandad y menos a cuál denominación pertenecía yo. Ir a los servicios era una prueba de resistencia que por lo general yo no lograba aguantar. Incluso cuando era niño lograba percibir la cara de aburrimiento de los adultos y sabía que ellos también estaban intentando "comportarse". Dentro de la cristiandad siempre había un deseo de ser bueno en un sentido religioso no debido a una relación. La única acción que vi que exigía la religión era ir al servicio en un día estipulado, no una acción que podía costar la vida.
La película mencionaba "la manzana del ojo de Dios" o "el pueblo elegido" o "asesinos de cristo".

Camino a casa todos estos pensamientos giraban en mi cansado cerebro. Los judíos, el Holocausto e Israel - todo tenía muchos aspectos y cada área adicional a la cual era introducido parecía crear más preguntas. Finalmente, al culminar ese día tan largo, la única pregunta con la cual yo podía lidiar era "¿Cuánto falta para que por fin pueda colocar mi cabeza sobre una almohada?"

CAPÍTULO 8

La Última Navidad en Casa

Durante el último mes en el trabajo, parecía que todos los que sabían que yo me iba a Israel se pusieron más ansiosos. Debido a que era época de Navidad, vi a varios familiares y amigos y noté que la gente me estaba dando miradas más largas de lo común. Ellos probablemente pensaban que la última vez que me verían con vida, pensé. Están tratando de grabar mi rostro en su memoria. Muchos también esperaban que yo cambiara de parecer en el último momento y "ayudase a los indios" en vez de esta loca idea de ir a visitar Israel.

Mi vuelo era el día 7 de enero de 1977. Sólo en mi cuarto a menudo revisaba mi boleto de avión y pasaporte, a veces sólo los miraba. El martes en la tarde el avión de British Airways me llevaría a Londres y luego el miércoles en la mañana, después de una espera de tres horas, tomaría el vuelo hacia Tel Aviv.

Celebrar la navidad era una buena distracción para mí. Para mí era mi celebración favorita ya que contábamos historias, comprábamos regalos y hablábamos sobre cualquier cosa. Una vez que las fiestas de navidad habían culminado y todos se habían recuperado de haber consumido tanto licor, los días parecían pasar rápido. La fecha de partida se acercaba y eso me generaba momentos de ansiedad, pero por lo general yo estaba en calma, experimentando una gran paz interna.

El humor de mi familia y amigos sin embargo se estaba volviendo cada vez más sombrío.

"Vamos acompañarte al aeropuerto para despedirnos cuando vayas a partir," me dijeron algunos amigos y familiares. Por dentro yo me irrité, porque realmente prefería que solo mis padres y hermana fuesen al aeropuerto a despedirse de mí. Este sería mi primer vuelo internacional y tenía que concretarme en lo que haría en el aeropuerto.

En la mayoría de los casos a mí no me gustaban los lugares llenos de gente y menos ser el centro de atención de un grupo de gente, especialmente un grupo de gente que me estaba viendo como si yo estaba preparando mi propio funeral. Esa sería la parte difícil, la paradoja sería que el vuelo a Israel sería la parte fácil.

Uno de mis regalos de navidad había sido una nueva mochila así que la noche antes de mi partida me aseguré que cada bolsillo de esa mochila estuviese lleno de lo que yo pensaba que iba necesitar el año siguiente. Mi bolso pequeño tenía cosas que iba necesitar durante el largo viaje como el cuaderno de dibujo de portada dura que me había dado mi abuela como regalo. Desde que tengo memoria yo siempre he podido dibujar bien y mi tía era la persona que más me animaba hacerlo. Voy a disfrutar este cuaderno de dibujo, pensé. Seguro habrá varios posibles modelos que puedo dibujar durante este viaje.

Esa noche no dormí muy bien. Mis padres se habían tomado el día libre y por lo tanto pasamos mucho tiempo juntos la mañana siguiente. Mi mamá me hizo un desayuno enorme y un almuerzo muy elaborado y completo así que para el momento en que me monté en el carro estaba yo tan lleno que no pude comer nada durante el vuelo. Ella probablemente lo hizo a propósito: de esa forma yo recordaría a mi hogar por un poquito más de tiempo.

CAPÍTULO 9

Drama en el Aeropuerto

Mientras nos acercábamos al aeropuerto, la atmósfera dentro del carro se volvía cada vez más pesada. Tratamos de hablar de cosas triviales primero pero después solo había silencio una vez que habíamos llegado al aeropuerto. Yo sentí un alivio al salir del auto.

La pequeña multitud que esperaba en la sección de partidas estaban felices de verme. Desearía poder haber dicho lo mismo acerca de verlos. Sentir sus ojos en mi espalda durante el chequeo, todos bajaron la mirada cuando entregue mi pasaporte. Acorralado, busqué ansiosamente la puerta correcta al mismo tiempo que asentía ante las personas bien intencionadas que me daban consejos o advertencias de último minuto. Una vez que ingresé por la puerta grande de cristal hacia la sección de control de pasaporte y hacia las puertas de partidas, ya allí había llegado al punto de no retorno. Deseaba estar solo, donde nadie me prestara atención. Junto a las personas que viajaban conmigo yo solo deseaba entrar a ese lugar de pacífica auto absorción.

¡Casi listo! Estaba de pie frente a las puertas de cristal, me volteé y vi a mis amigos en un semicírculo. Ahora venía la última parte, la más difícil de todas, cuando todos esperaban de manera incómoda por el último apretón de manos, la última palabra, un último chiste y un último apretón en el hombro.

Finalmente, estaba de pie frente a la última persona, mi madre. Nunca olvidaré la forma en que me miraba. Sin decir una palabra, mi madre me transmitió todo lo que me quería decir a través de sus ojos. Con sus manos en mi cara luego me abrazo de manera tan fuerte que dolía. En ese momento ambos intentábamos ser fuertes, luego ella alcanzó su cartera de mano y sacó un pequeño libro que colocó en mi mano.
Sin verlo, lo metí en mi bolso pequeño. Le di otro abrazo. Nos vimos por última vez a los ojos y asentimos sin decir una palabra.

Esta era la conversación sin palabras más profunda que había tenido con mi mamá.

"Adiós a todos," moví mi mano despidiéndome. "¡Prometo escribirles!" me dirigí rápido hacia la puerta aun sintiendo sus ojos sobre mi pero ya con una gran sensación de alivio. Luego de mover unas veces más mi mano despidiéndome y ya estaría solo. Finalmente.

Era un alivio relajarse en una de las sillas de descanso después de la difícil situación de decir adiós a todos. Ahora podía permitirme un momento para emocionarme por el viaje que me tocaba experimentar. Mientras esperaba para abordar el avión, no tuve suficiente tiempo como para hacer un bosquejo, pero mientras buscaba algo de comer en mi bolso sentí el pequeño libro que me había dado mi mamá. Recordé la mirada en su cara cuando me lo dio, me quedé pensando por unos segundos antes de sacarlo.
¿Un nuevo testamento? Pensé. ¿De qué se trata todo esto? Casi reí cuando pensé en lo que mi mamá trataba de decirme al darme eso.
"Estás a punto de encontrarte con tu Creador. Creemos que Él tiene algo que ver con este libro, más te vale leerlo."

Todo ya había ido muy lejos con su preocupación, pensé. Si alguien me ve leyendo esto pensarán que soy alguna clase de fanático religioso.

Ya era el momento de abordar el avión. ¿Cómo puedo pasar el tiempo durante este vuelo de nueve horas hacia Londres? Pensé yo y empecé a sacar las cosas que tenía para comer en mi bolso. De nuevo, mi mano tocó el Nuevo Testamento. Lo saqué. Y lo coloque cuidadosamente sobre mi mano y note que el libro lucio usado y sus esquinas estaban dañadas. Y ya que no había nadie sentado a mi lado tuve el coraje de hojearlo. Sólo lo revisare por un rato pensé y de hecho me sentí curioso.

Cuando empecé a leer pequeños fragmentos acerca de Jesús, las cosas que él había dicho y hecho, me sentí atraído a Él de una manera extraña. Era la misma experiencia que tuve cuento leí por primera vez Éxodo, pero esta vez no se trataba de un país o un pueblo, se trataba de un hombre.

Me sentí motivado a conocer más de esta persona, sus palabras, sus acciones e impresionado por la forma en que sus amigos relataban su carácter. Y aunque tenía la autoridad, Él también era amable y el hecho que siempre estaba disponible para la gente me sorprendió. Queriendo saber más acerca de Él, estaba feliz de tener esas horas para leer.

Mi primera reacción fue, ¡esto no es real, solo estoy leyendo una historia! Sin embargo, sentía que las palabras que Él había hablado estaban en tiempo presente y que esas palabras eran relevantes en el "ahora".

Cuando era un niño aprendí cosas acerca de Jesús en la iglesia, pero lo que estaba leyendo ahora era completamente nuevo para mí.
De nuevo, otro misterio me confrontaba, ocasionando más preguntas que yo deseaba explorar.

Ya había encontrado varias personalidades y misterios: Israel, el Holocausto, los judíos y ahora este personaje Jesús - todo parecía estar conectado. De alguna manera yo sabía que todo esto me estaría esperando en Israel.

Recordando los últimos treinta años los puedo comparar con mirar un gran horizonte, buscando marcas que me puedan ayudar a explicar cómo llegué al punto en que estoy ahora. En este viaje dos faros se ven claramente: el libro Éxodo y la Biblia. Ambos viejos y casi olvidados, llegaron a mi vida en un punto crucial. La "personalidad" del Holocausto que emergía del libro de Éxodo cruzada con la personalidad de Jesús, emergen de las páginas del Nuevo Testamento.

Yo me dirigía al único país en el mundo que mejor guardaba el recuerdo de estas dos figuras de la historia. Sin embargo, aún no estaba preparado para el conflicto existente entre ambas figuras.

Después de todos estos años aún me impresiona cómo Dios pudo unir las circunstancias de una manera tan maravillosa.

Aeropuerto Ben Gurion - Tel Aviv

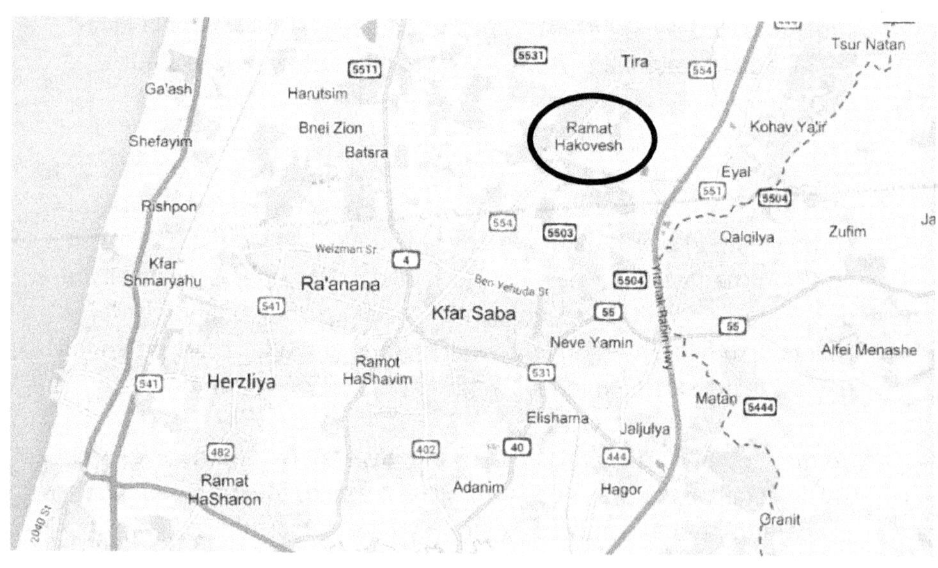

CAPÍTULO 10

¡Bienvenido a Israel!

Durante la espera de tres horas en Londres, saqué mi cuaderno de dibujos y empecé a ver qué personas podría dibujar. Todo era nuevo para mí y noté que el aeropuerto estaba lleno de personas moviéndose de un lugar a otro. Entre los viajeros que tenían tiempo libre había varios que podía dibujar. Había personas en posiciones divertidas, especialmente los que estaban quedándose dormidos en las incómodas sillas plásticas del aeropuerto. Terminé incluyéndolos en algunos dibujos interesantes que hice.

Durante el vuelo de cuatro horas de Londres a Tel Aviv, el pasajero que estaba sentado a mi lado era un hombre joven con cabello largo y barba. Excepto por el hecho que él era de Londres y tenía un acento Cockney, podríamos ser gemelos. Él me habló durante todo el vuelo. Yo solo le respondía con una palabra o asintiendo con mi cabeza en el momento apropiado, pero realmente tenía mucha dificultad entendiendo lo que el trataba de decirme. Una vez alguien bromeando dijo que los británicos y los norteamericanos éramos dos grupos de gente separados por el mismo idioma.

Desde mi asiento cerca de la ventana empecé a ver la costa de Israel aparecer ante mis ojos luego volamos sobre la ciudad más grande del país, Tel Aviv. El paisaje que veía me conmovió, pero al mismo tiempo me preguntaba, "¿Cómo voy a llegar al Kibutz?"

"¿Cómo voy a llegar a Ramat Kovesh?" Le pregunté a la chica en la sección de información. "¿Cuánto me va costar llegar allí en taxi?" Estaba muy agotado y decidí regalarme un descanso al tomar un taxi. Luego de mi experiencia siendo taxista yo sabía la importancia de saber los precios locales para que no se aprovecharan de mi siendo un turista agotado que no conocía el país.

Luego de negociar la tarifa con uno de los conductores de taxi que estaba en las afueras del aeropuerto, finalmente ya iba en camino.

Durante el viaje de una hora hasta Ramat Hakovesh, me agradó ver que los caminos tenían pavimento y que todo era moderno como me lo había imaginado.

Al manejar por pueblos pequeños, traté de ver si percibía algo familiar en medio de todas estas cosas nuevas que estaba viendo. La cosa que note fue que los techos de las casas eran rectos y cada techo tenía un reflector de vidrio al lado de un tanque grande y redondo. Luego me enteré que esos aparatos eran calentadores de agua solares. La mayoría de las edificaciones estaban hechas con piedra o con ladrillos de concreto, solo unos pocos tenían techos con tejas rojas con cerámica. Luego estaban los huertos de cítricos llenos de frutas coloridas y rodeados por polvorientos árboles de cidra que lucían como centinelas.

"Kfar Saba" decía un aviso escrito en inglés y hebreo. Sabía que este sería el único pueblo que pasaríamos antes de llegar a Ramat Hakovesh. Mientras íbamos acercándonos vi grandes huertos en campos arados que se extendían hasta el horizonte en cada lado del camino.

Al entrar luego de pasar por una puerta de electricidad del Kibutz, vi edificaciones largas de un solo piso, con hermosos céspedes verdes que tenían árboles entre ellos.

"Shalom, ¡buena suerte!" el conductor me dijo luego que le pagué y salí del auto. Por un momento me quedé allí solo. Caminando hacia una de las edificaciones, de pronto apareció una mujer. Con un fuerte acento israelí me dijo "parece que eres nuevo aquí."

"Lo soy."

"¡Shalom! Soy Beila," me dijo ella, "la coordinadora de voluntarios," me invitó a entrar a una oficina en una de las edificaciones y me
pidió mi nombre y pasaporte. "Siéntate." Sin preguntarme si quería
café me dio una taza, lo cual me hizo sentir muy bienvenido.
Beila me llevó a una habitación que tenía que compartir con otros dos
voluntarios. Paul era un judío de Nueva York de 25 años de edad, tranquilo, algo cambiante de humor y fumador empedernido. Ian, por otra
parte, era un amigable judío de Sudáfrica. Este hombre bien parecido
era todo un éxito con las mujeres. La habitación tenía el tamaño exac-
to de dos camas sencillas colocadas una junto a la otra. Al lado de la
cama de Paul había una mesa de madera y nuestro closet comunal de
ropa estaba al lado de la cama de Ian, lo cual lucia como un desastre.
Me preguntaba cómo él lograba encontrar suficiente espacio como
para dormir al lado de esas montañas de ropa sucia al lado de su
cama.
La esquina de Paul siempre estaba muy limpia, casi daba miedo por
eso, mientras que la mía era algo en el medio. Debido a que mi cama
estaba al lado de la puerta, no podía colocar muchas cosas porque si
no mis ropas bloquearían la puerta.

Me acostumbré a mi nuevo ambiente en los pocos días antes del inicio
del ulpan, las clases de hebreo que durarían seis meses. Había aproximadamente treinta estudiantes en la clase de principiantes, kitah alef
y veinte estudiantes adicionales en kitah beth. Mi primera semana
estuvo llena de palabras nuevas y extrañas. Aprender el alfabeto me
hizo sentir como un niño otra vez. Era la única manera de sobrevivir a
un nuevo idioma.

Mis compañeros de clases venían de diez países distintos. Algunos de
ellos habían sido presionados por sus familiares para que trabajasen
de voluntarios en el kibutz, otros estaban allí por expectativas de sus
comunidades religiosas y unos pocos estaban tomando decisiones
serias en sus vidas. Y todos consideraron a Israel como su posible
denominador común. El otro gentil en mi clase era un muchacho japo-
nés que había "escapado" de su universidad en Japón y había viajado
por el Medio Oriente.

La atmósfera de la clase siempre estaba cargada con diferencias culturales, acompañadas de deseos flotantes y fluctuantes de querer y no querer aprender el idioma. La interacción me fascinaba.
Aunque estaba buscando a Dios al mismo tiempo disfrutaba de la oportunidad de estar compartiendo con estas personas.

El Kibutz Ramat haKovesh

CAPÍTULO 11

Perdido y Encontrado en Haifa

Al final de nuestra primera semana en el ulpan todos esperábamos nuestro primer shabbat en Israel. La clase terminó temprano para darnos la oportunidad de visitar cualquier sitio que quisiéramos antes que los buses dejaran de trabajar. El sábado (shabbat) en la noche cuando el transporte público comenzara a trabajar de nuevo, debíamos regresar al kibbutz para trabajar y estudiar el domingo, ya que ese día marca el inicio de la nueva semana en Israel.

A manera de hacernos practicar hebreo, el profesor nos pidió que le dijéramos que íbamos hacer durante nuestro día libre. Afortunadamente había algunos compañeros que debían empezar antes de mi, así que tenía algo de tiempo para practicar mi primera intervención en hebreo. Me sentía nervioso y al mismo tiempo avergonzado. *Ani nosa'ah laYerushlaym*, me repetía mentalmente una y otra vez (voy a ir a Jerusalén). Para el momento en que llegó mi turno, diferentes ciudades y pueblos ya habían sido mencionadas como destinos de mis compañeros. Con la cara roja y transpirando, pude decir las palabras correctamente, así que me senté y escuché las intervenciones nerviosas de mis otros compañeros.
La última chica en hablar era de Nueva York y dijo, "*Ani nosa'at la Haifa,*" (voy a viajar a Haifa). Y luego sin ninguna razón dijo, "¡Rick! Algunos de nosotros vamos a tomar una van para ir a Haifa. ¿Quieres ir con nosotros? Aún nos queda un asiento libre."

Era una de invitación extraña especialmente porque acababa de decir que yo iba a Jerusalén. Sin embargo, esta chica, que no conocía bien me ofreció este viaje a Haifa. Pensé quizás Él quiere que yo vaya a Haifa. Visitaría Haifa algún día en algún momento, así que ¿por qué no hacerlo ahora?

"Claro iré con ustedes," le dije.

Haifa es una ciudad de puertos con la cordillera Monte Carmelo ascendiendo casi inmediatamente después de la costa dividiendo así la ciudad en dos partes la parte baja "Hadar" y la parte alta "Carmelo". Llegamos a la ciudad el viernes finalizando la tarde y ya a esa hora todo estaba oscuro y estaba lloviendo ligeramente. "Qué bien que me traje mi abrigo" pensé yo. Ese abrigo verde militar tenía una capucha grande y tenía como diez bolsillos, algunos de los bolsillos los había llenado yo con panes y vegetales del kibbutz. En enero en Israel por lo general está frío y húmedo el ambiente - "frío - era un término relativo para un canadiense como yo, para un israelí estaba entre 40 y 50 grados Fahrenheit (5-10 grados Celsius).

El conductor detuvo la van frente a la estación central de buses y me salí pensando que otros irían conmigo. Para mi sorpresa, se cerró la puerta ¡ y se fue la van! Por todos lados lo que había era humedad y oscuridad, excepto por las luces de la ciudad que se veían a la distancia. Apenas había algo de tráfico y me sentí totalmente solo. Debo comprar un mapa de la ciudad, pero ¿dónde? pensé yo.

Al caminar rápido por la calle frente a la estación de bus estaba a tiempo de comprar un mapa en un kiosco justo antes que cerrara.
"¿Qué bus debo tomar para ir a la ciudad?" le pregunté al propietario del kiosco.
"Estamos en shabbat, no hay buses," me respondió.
"¿Sabe si hay algún hostal para jóvenes cerca de aquí? "
" No," fue todo lo que me dijo antes de irse.
¿Qué voy hacer? Me preguntaba. Por lo menos tengo un mapa y puedo encontrar un parque donde dormir.
Pensaba como canadiense - imaginando parques con céspedes suaves y grandes árboles como para cubrir a una persona ante la lluvia. Luego me di cuenta que dicho escenario no era posible en invierno en Haifa. Me quedé en la intersección debatiendo qué dirección debía tomar, dije de susurrando, "Pensé que Tú querías que yo viniese aquí. Bueno, aquí estoy. ¿Ahora qué? ¿Qué camino debo tomar?" No pasó nada.

Pensé bueno voy a ir hacia la derecha y caminare hacia la parte superior de la ciudad, soy un turista.

De esta manera puedo ver las luces de la ciudad. Caminando en dirección del Monte Carmelo, detuve uno de los pocos taxis que vi para preguntarle al conductor, "¿Sabe dónde queda un hostal cerca de aquí?"

"Sí, tenemos un hostal del gobierno que queda justo en las afueras de la ciudad," me respondió el hombre. "Con gusto lo puedo llevar allá, pero debido a que estamos en Shabbat el precio es el triple de la tarifa normal," me advirtió.
Ya que no podía pagar la tarifa del taxi, camine arduamente por las calles que estaban llenas de altos edificios residenciales. A esa hora todas las tiendas estaban cerradas.

Finalmente llegué a la cumbre de la cordillera y allí había varios parques en terrazas y una fila de hoteles caros. Me senté en un banco viendo la hermosa Bahía de Haifa.

En la distante costa hasta las refinerías de petróleo tenían su brillo. Aunque disfrutaba la vista, aún no tenía un lugar donde dormir, ya se me estaba haciendo tarde. Mi abrigo estaba húmedo y pesado debido a la lluvia.

"Pensé que Tú querías que yo viniera," dije de nuevo. "Aquí estoy, no tengo un lugar donde quedarme y ni sé bien dónde estoy." No era una oración, era más como una declaración. Sin saber qué hacer, decidí regresar hacia la parte baja de la ciudad nuevamente.

Caminando hacia allá me encontré con un peatón que también hablaba inglés y le pregunté por un hostal. Él no sabía si había alguno en el área pero me dio una sugerencia "está el Hogar del Marinero Escandinavo si caminas un poco más en esta calle. Sólo pretende que eres un marinero y quizás te puedan dar el una habitación para que pases la noche" Ya desesperado, estaba dispuesto hacer cualquier cosa. Seguí las instrucciones de aquel hombre y diez minutos después toqué el timbre del Hogar del Marinero y le conté a la señora sobre mi problema.

"No, lo siento, no te puedes quedar aquí," me dijo ella. Y ya cuando me iba de allí ella me dijo, "¡Espere! Hay una pareja de americanos que viven al cruzar la calle que a veces le ofrecen hospedaje a las personas para que pasen la noche."

Aunque esto sonaba algo extraño para mi, estaba dispuesto a intentarlo y toqué el timbre en aquella puerta de hierro de un edificio de dos pisos.
Nadie me respondió. De pronto note una pequeña nota escrita en inglés que decía, "cuando no respondamos por esta puerta, por favor use la siguiente puerta."
Después que toqué el timbre de la otra puerta, una mujer de mediana edad abrió la puerta.

"¿es cierto que ustedes reciben gente para que pase la noche?" pregunté de manera incómoda.

" ¡Claro! ¿Necesitas una cama?"
Sorprendido por su amabilidad yo dije tímidamente, "sí, por favor. Si es posible."

"Entra, tenemos una reunión justo ahora."
¿Qué querrá decir ella con eso de "reunión"? Yo no tenía idea ni me importaba mientras pudiese estar en un cuarto caliente y seco y protegido del frío y humedad que había en la calle.
Me quite mi abrigo empapado, la mujer me dio una toalla para secarme la cara y me llevó a la sala la cual estaba llena de gente.
Era extraño ver a todas estas personas allí, había jóvenes y viejos.
Algunos tomaban la guitarra, otros decían el número de la canción y todos se unían para cantar. Me sentía algo incómodo, decidí escuchar la pacífica melodía mientras leía las palabras en el papel que me dieron.

Todas las canciones en esa hoja de papel eran acerca de Jesús, era como si ellos estaban hablando con Él a través de la música. Quizás era Él quien me había traído a Haifa. Quizás todas esas cosas extrañas me habían ocurrido para que yo finalmente estuviese sentado allí esta noche. Ese pensamiento me impresionó. Aunque no conocía a nadie en esta habitación, sentía como que pertenecía allí.

Después que terminaron los cantos, un hombre se presentó ante todos como Wilbur. "Ella es mi esposa, Betty." Él señaló a la mujer que me había dejado entrar.

"Gracias por venir," dijo Wilbur. "Me gustaría dar una pequeña enseñanza del Nuevo Testamento."
Me sentí atraído, ya que estaba familiarizado con el Nuevo Testamento, luego de haberlo leído en el avión. Empecé a darme cuenta que el hecho de haber llegado a ese lugar no era ningún accidente. El mismo Dios que yo quería encontrar estaba empezando a ser encontrado - ¡impresionante! Después que Wilbur terminó de hablar, hizo una oración y terminó la reunión. Algunas chicas que se habían ofrecido como voluntarias habían preparado algunos refrigerios y bebidas. Empezamos a conversar y socializar. La conversación era casual y todos eran amables y amigables. Luego más tarde esa noche Betty me dio un set de sábanas con una manta y me indicó dónde podía dormir. La habitación parecía un dormitorio o un hostal con camas marineras.

"El desayuno será mañana a las ocho de la mañana," me dijo Betty.

En la mañana del Shabbat me uní a los demás invitados que estaban en una larga mesa en el comedor pero antes de comer nuestro sencillo desayuno ellos decidieron cantar una canción. Era una bendición a la comida y me conmovió profundamente. Habían pasado muchos años desde la última vez que me había despertado tan temprano un sábado por la mañana. Por lo general me despertaba después del mediodía junto con un dolor de cabeza terrible y memorias confusas de lo que había ocurrido la noche anterior. Estar despierto tan temprano y cantar una bendición a la comida eran cosas totalmente nuevas para mi. Sin embargo, todo esto me gustó mucho.

CAPÍTULO 12

Conociendo a Arthur Blessit

Desde esa ocasión empecé a viajar con regularidad a Haifa durante los fines de semana para quedarme en el hostal en la Calle Hagefen. Era una maravilla conocer estas personas y escuchar sus historias y testimonios sobre cómo habían encontrado su fe en Jesús.

Uno de los fines de semana decidí ir a Jerusalén en vez de ir a Haifa. Con mi mapa turístico caminé por las antiguas calles y los estrechos callejones de la Antigua Ciudad. Lo fresco de los muros de piedra, las campanas sonando, las voces de los vendedores y compradores y todos esos extraños y exóticos olores eran algo emocionantes, era como experimentar una rica historia viviente. El nombre de la ciudad, Jerusalén, estaba conectado de muchas maneras en historias bíblicas que conectaban a Dios y su antiguo Pueblo. Cuando caminaba hacia el Monte de los Olivos me perdí.

"¿Puede indicarme cómo llegar al monte?" le pregunté a una persona que caminaba por allí.

"Sólo siga esta calle, la Vía Dolorosa," me dijo aquel hombre. El nombre sonaba familiar.

De pronto escuché voces exaltadas y que gritaban. Había gente cantando y acompañaban a un hombre bronceado por el sol que estaba vestido con una camiseta, jeans y sandalias. Lo más sorprendente es que él llevaba una cruz de madera de tamaño real. Sonriendo el hombre cargaba la cruz por esa calle llena de gente. Decidí seguir a la multitud para averiguar de qué se trataba todo aquello.

El hombre se detuvo frente a la Iglesia del Redentor, una iglesia luterana. Parado sobre una silla, él habló sobre Jesús, lo que Él quería decir personalmente. Luego oró. Cuando cerré mis ojos, sentí como si una manta caía sobre mí y yo estaba a salvo en un abrazo protector.

"Compartiré más acerca de mi caminata con esta cruz en la Tumba del Jardín," dijo el hombre, "son bienvenidos si desean seguirnos."

Arthur Blessitt en Jerusalén, 1977

Sin tener idea de dónde se dirigía seguí el grupo hasta que llegamos a un hermoso y tranquilo jardín rodeado de muros.

La Tumba del Jardín, luego me enteré, era el sitio tradicional de la crucifixión y entierro de Jesús según los protestantes. Estaba ubicada cerca de una de las zonas más transitadas de la ciudad, no muy lejos de la zona turística justo en las afueras de los muros de la Ciudad Antigua. Sentándome sin ser percibido en la última fila de sillas, escuché a Arthur Blessit hablar de sus experiencias de haber cargado la cruz en varios países.

"La razón por la que he estado cargando esta cruz por tantos años es porque sigo a Jesús," explicó, "mi relación con Jesús es ahora, en el tiempo presente y es real a un grado que estoy dispuesto a cargar esta cruz en distintos lugares extraños como muestra de obediencia a mi relación con él. Jesús es el Rey de mi vida."

Muy dentro de mi algo respondía a sus palabras. No quería ser rey de mi vida ya. Antes que empezara mi viaje a Israel, mi vida había sido un desastre. Allí en la Tumba del Jardín, le di mi vida a Jesús para que fuese él quien mandara en mi vida y no yo.

Si Tú haces que conozca tu voluntad y estoy seguro que eres Tú, lo haré, lo que sea que me pidas, lo haré sea lo que sea que me pidas. Dejaré que Tú seas el que mande". En el momento que susurré estas palabras se me quitó un gran peso de encima.

Durante todo el camino hacia la Estación Central de Buses, sentí una gran sensación de paz. De una forma, era el final de una búsqueda, pero el inicio de una nueva vida y eso era más que cualquier cosa que me había podido imaginar.

CAPÍTULO 13

La vida en el Kibutz

Los miembros del kibutz siempre eran muy amables conmigo, no les molestaba el hecho de que yo no era judío. Especialmente a los mayores, sabiendo que no tenía familia en Israel, ellos hicieron lo posible para hacerme sentir bienvenido.

Parecía haber un lugar especial en sus corazones para los "huérfanos". Mientras pasaba mis tardes tomando tazas de café y disfrutando de los pasteles caseros, me enteré por qué me consideraban un huérfano luego de escuchar historias sobre cómo ellos habían venido a Israel y al kibutz. Los padres y madres fundadores de Ramat Hakovesh habían venido a Israel cuando tenían edades entre los dieciocho y veinticinco años de edad en su mayoría. Este grupo de jóvenes polacos sionistas estableció el kibutz. La mayoría de ellos venían de numerosas familias judías que esperaban llegar a seguir a sus hijos e hijas hacia la tierra que en aquel entonces se conocía como Palestina.

Desafortunadamente, cuando empezó la Segunda Guerra Mundial, muchas de esas familias se quedaron atrapadas en Europa y fueron asesinadas por el régimen Nazi.

Ramat haKovesh en sus inicios

Como resultado del Holocausto, muchos miembros del kibutz se habían convertido en huérfanos y, por lo tanto, fueron capaces de identificar quiénes de nosotros no teníamos familia en Israel.

Ellos me dijeron sus historias y vieron que me fascinaba escucharlos. Les hice muchas preguntas, pero un día ellos me preguntaron algo personal. "¿Qué te trajo a Israel?"
Decidí ser honesto con ellos y les conté sobre mi búsqueda de Dios y sobre cómo había aprendido de Jesús durante mis primeros meses viviendo en Israel. Recuerdo claramente la mirada en sus rostros cuando mencioné Su nombre - Jesús. Era como si había dicho una obscenidad. ¿Por qué? Me preguntaba.

"Déjame explicarte lo que ese nombre significa para nosotros los judíos," empezaron a hablar mis nuevos amigos. "Por muchos años, nos han culpado a nosotros por Su muerte. La Iglesia Cristiana nos ve como un pueblo inferior, un pueblo maldito que merece ser castigado." Luego me enteré de Las Cruzadas, La Inquisición y las matanzas, la iglesia sentía una responsabilidad de castigar a los judíos, "por lo que habían hecho al crucificar a Jesús." La Iglesia Ortodoxa de Polonia y Ucrania eran muy estrictas en esta creencia cerca de la época de Navidad y especialmente durante la Semana Santa, mataban, violaban y saqueaban a cada judío que pudieran encontrar.

Muchos de los miembros más viejos del kibutz estaban de acuerdo en que la iglesia le había causado un enorme sufrimiento a los judíos como pueblo. Esta persecución de judíos continuó por cientos de años de la historia europea culminando con las horribles atrocidades del Holocausto. Escuchar esa versión me creó un gran dilema. Saber más de la historia oscura de la iglesia, pude entender por qué ellos se sentían de esa manera respecto a la iglesia, pero la persona de Jesús que yo estaba conociendo no se parecía en nada a lo que ellos percibían de Él. Empecé a darme cuenta que esa institución llamada iglesia que clamaba que Jesús era su señor no reflejaba lo que él había sido en realidad.
Me enamoré del estilo de vida en el kibutz - no sólo por la interacción que tenía con las otras personas sino también por el trabajo físico en los campos.

Al quedarse más tiempo en el kibutz tenía méritos, debido a mi "experiencia" me daba derecho a un cuarto privado. Al regresar de los campos un día, mis ojos se fijaron en un montón de ramas de aguacate que estaban apiladas y me llevé un largo e interesante pedazo de madera recién picada a mi habitación. Empecé a cavar la madera en mi tiempo libre con un cuchillo sencillo. Al darme cuenta que la madera era muy dura para un cuchillo regular, le pedí al carpintero del kibutz si podía tomar prestado un cincel y un mazo.

No sabía por qué había hecho esto ya que nunca antes había tallado. Claro que yo sabía dibujar y pintar, pero a nivel artístico esto era completamente distinto. Había mucho tiempo libre, así que apenas terminaba mi trabajo en el sembradío de banana seguía tallando la madera. No tenía nada específico en mente, pero al estudiar la madera, me imaginaba ciertas formas que podía "liberar" usando los cinceles.

Sentir las herramientas en mi mano y darle forma a la manera era como una especie de meditación, un lugar para explorar mis pensamientos. Seguía intentando sacar lo que yo había "visto". Aquí, junté mis dos manos y allí en aquella corteza áspera vi una cara y luego un ojo. No importaba si eso tenía sentido o no, el sólo sentimiento, el olor y la interacción con las herramientas al tallar la madera era genial. Algunas veces después de trabajar, yo planeaba tallar por sólo unos minutos, luego tomar una ducha e ir al comedor. Aunque más de una vez revisaba el reloj para ver si ya era medianoche ¡y me daba cuenta que había estado tallando por horas! Ya que me quedaban pocas horas para volver a despertarme, ni siquiera perdía tiempo cambiándome la ropa, sólo me iba a dormir en mi ropa de trabajo.

Se nos dio una "familia" adoptiva a aquellos de nosotros que estudiábamos en el ulpan, esa familia estaba conformada por integrantes del kibutz. La idea de esto era ayudarnos a usar el idioma hebreo y a la vez aprender más de la vida en el kibutz.

Mi familia adoptiva, los Carmis, eran geniales. Incluso hoy en día yo sigo en contacto con ellos. Moti, mi padre en el kibutz, había nacido en el kibutz, sus padres habían podido salir de Polonia justo antes que empezara la guerra en 1939.

Ruti, mi madre en el kibutz, había nacido en un kibutz cerca de allí. Sus padres nacidos en Hungría y habían sobrevivido a los horrores del Holocausto. Cuando llegué por primera vez, Zohar, la hija de cuatro años de los Carmis, era la única que tenía paciencia con mi mal hebreo. Los otros niños eran Dani, Noga y Zeev. Yo apreciaba la generosidad de esta maravillosa familia.

Aunque Ruti y Moti apenas eran diez años mayores que yo, el nivel que tenía en mi hebreo a nivel de conversación me hacía sentir como un niño. Moti era callada y más reservada, mientras que Ruti tenía una fuerte personalidad con opiniones firmes sobre cualquier tema. Ella me dijo exactamente lo que creía de Dios, sobre cómo creía ella que era ridículo que las personas creían que esa "cosa" existía. Consideré que hablarle de mi fe en Jesús la molestaría así que decidí no hablar de ello a menos que ella quisiera hablar al respecto.

Después de durar tres meses tallando madera, me di cuenta que había un patrón en lo que estaba haciendo. Las distintas imágenes que había tallado en la rama de madera contaban la historia de Jesús sanando a un hombre ciego. Sin ninguna intención visualmente se relataba la historia. Me sentía intrigado porque no había podido expresar la historia de una manera creativa tomando inspiración del lado espiritual de la persona que era yo ahora. Durante todas esas horas tallando me había quedado absorto en mi trabajo y mis pensamientos.

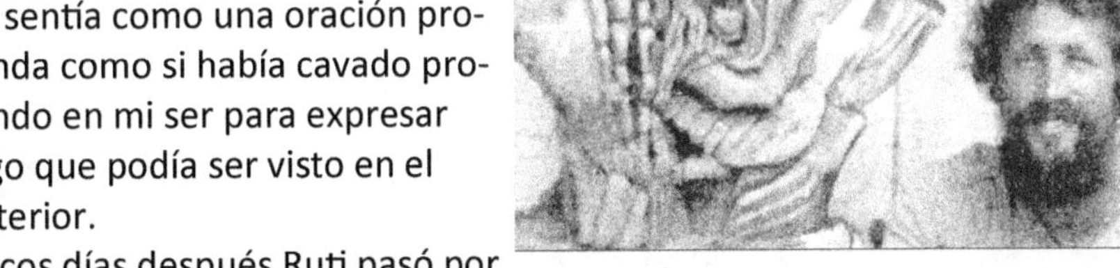

Se sentía como una oración profunda como si había cavado profundo en mi ser para expresar algo que podía ser visto en el exterior.

Pocos días después Ruti pasó por donde yo estaba para saber cómo me iba y como una buena madre lo haría empezó a quejarse, "¡Tu habitación es un desastre! ¡Debes limpiar todo!" Al notar mi tallado en el medio del cuarto, ella se sintió tranquila y revisó mi trabajo y los detalles del mismo.

"¡Qué hermoso!" exclamó y estaba ya curiosa por el arte. "Cuando esté terminado es mío," dijo señalándose a sí misma. "Ya sé en qué parte de mi casa quedaría bien."

Sabiendo que no tendría sentido discutir al respecto
solo asentí con mi cabeza.
Me tomó unas semanas más para terminar el trabajo.
Por días Ruti estaba había estado insistiendo para que
terminara el tallado. Estaba pensando si debía decirle
lo que yo veía en esa pieza y lo que significaba para
mí, sabía que Ruti se molestaría con mi historia acerca

de Jesús. Después de orar por sabiduría, le dije que mi pieza estaba
terminada.

"¿Puedes venir mañana a mi habitación a recogerla?"
Cuando Ruti vino el día siguiente, le dije, "me gustaría que me dijeras
qué ves en la madera."

Sentada en el borde de mi cama, durante veinte minutos ella me escuchó mientras contaba la historia de Jesús sanando al hombre ciego a
través de varias imágenes que había tallado en la madera. ¡El sólo hecho que ella no me había interrumpido ni una vez era un milagro!

"Toda Raba, gracias," me dijo, "creo que es una hermosa obra
de arte." Ella luego se fue con la escultura en sus manos.
Impresionado por esto, sentí que el señor me hablaba y me decía,
"este es tu lenguaje para que te puedas comunicar con ellos."
Fue entonces cuando descubrí que el arte me daba un lenguaje
"interno" que tocaba el corazón sin usar palabras.

Años después, luego que mi esposa Dafna y yo nos habíamos ido del
kibutz, visitamos a Moti y Ruti. Noté que la escultura ya no estaba en
una de las esquinas de la casa.

"¿Qué pasó con la escultura?" le pregunté a Ruti cautelosamen-
te.

"Decidí dársela a mi madre," me dijo ella. Aggie quién había llegado a Israel proveniente de Hungría después de la Segunda Guerra
Mundial, siempre adoró la escultura. Ruti quería que su madre la tuviese en su hogar. Por muchos años ella disfrutó de la pieza hasta que
su vista empezó a fallar. Cuando cumplió 84 años, Aggie ya era legal-
mente ciega.

Siempre me impresiona pensar que la primera escultura que hice
comunicaba la historia de Jesús sanando al hombre ciego, terminó
en la casa de una sobreviviente del Holocausto ciega.
Aggie poco después falleció.

De izquierda a derecha: Rick y Zoar, Moti (Padre del Kibutz), Ruti y Dani (ahora
con 41 años) Al frente: Paul, un voluntario británico que era mi amigo en esa
época.

CAPÍTULO 14

Isaías 14

Al viajar por la tierra, conocí a otros creyentes de distintas naciones y orígenes. Algunos de ellos habían "escuchado" la voz del Señor hablándoles y lo que ocurrió luego que obedecieron ese llamado. Esto me fascinó en gran manera.

"¿Pudiste escuchar al Señor hablándote?" yo quería saber acerca de eso. "¿Cómo es su voz?" quería saber si todo esto era real.

"Cuando el Señor te habla tú sabes que es Él," me dijeron ellos. "Sentirás una paz profunda dentro de ti."
Sonaba muy agradable todo eso, pero yo necesitaba algo más tangible.

Ilona, quien era una voluntaria en el kibutz se convirtió en una gran amiga mía. Cuando ella tuvo que regresar a Alemania para seguir con sus estudios, decidimos que íbamos a conocer a sus padres. Nuestra relación se estaba volviendo seria y yo estaba feliz al respecto.
Mi estadía en Israel había sido muy buena y ahora yo sentía que mi siguiente paso sería irme a Alemania. Uno de mis amigos me dijo que a menos que recibiera un "mensaje" del Señor diciéndome que me quedara, debería marcharme de Israel ya que era un lugar difícil para un joven creyente. Sería mucho más fácil para mí en otro país.

Tres semanas antes que Ilona se marchara, un amigo necesitaba un lugar para dormir así que le ofrecí mi habitación. Mis padres del kibutz siempre me dejaban usar el sofá de la sala así que me quedé en casa de ellos esa noche. Aproximadamente a la media noche mi cabeza estaba llena de pensamientos acerca de mi nueva aventura en Alemania. Aunque Israel siempre tendría un lugar especial en mi corazón, parecía que había llegado el momento de irme a otro lugar. Mientras estaba ocupado pensando y planificando, otro pensamiento entró en mi mente, al parecer me llegó de la nada. Sin ser provocado este pensamiento se me metió en la mente.

"Isaías catorce!" era todo lo que decía la voz. Nada más. Qué extraño, pensé yo, pero ignoré esa intrusión y volví a pensar solo en cosas placenteras. Luego de unos minutos, la voz me repetía, más fuerte, "¡Isaías catorce!"
No sabía qué hacer. Siendo yo un joven creyente, solo sabía que Isaías estaba en la Biblia, pero aún no sabía dónde. Mi Biblia estaba en mi mochila en la otra parte de la habitación y me sentía muy cómodo en la cama como para ir a buscarla, pero luego sentí una urgencia y tuve que pararme encender la luz y buscar la Biblia.

Me tomó algo de tiempo encontrar el libro de Isaías. Sentado en el borde de la cama empecé a leer el versículo del capítulo catorce.
"Porque Jehová tendrá piedad de Jacob, y todavía escogerá á Israel, y les hará reposar en su tierra: y á ellos se unirán extranjeros, y allegaránse á la familia de Jacob." Isaías 14:1 Reina Valera (1909)

Al leer esas palabras, inmediatamente supe que yo era uno de los "extraños". El regreso o "asentamiento" de los judíos en su propia tierra había sido la fuerza que había motivado a la nación de Israel para unirse y ser una nuevamente. Por la piedad de Dios ellos habían sido llevados a su tierra después de la Segunda Guerra Mundial y el Holocausto. No sabía que los extraños podían estar unidos a esta tierra. Cuando regresé a la cama, sentí de gran manera la "presencia" de Dios en la habitación. Sin embargo, ese versículo de la Biblia me dejó con muchas preguntas.

"¿Quieres que me quede en Israel, Señor? ¿Soy uno de los extraños que está unido a esta casa y esta tierra?" Luego recordé lo que mis amigos creyentes me habían dicho, que si el Señor me hablaba yo experimentaría una profunda paz. De acuerdo Señor, pensé. Si me quedo en Israel, ¿qué pasará con Ilona? No creo que pueda tener paz respecto a esa situación. Me arropé con una manta, sentí como una extraña paz se posaba sobre mí. Poco después me quedé dormido.

La mañana siguiente hablé con Ilona sobre lo que me había pasado en la noche. Aunque todo parecía extraño y hasta místico, seguía sintiendo una paz en mi corazón cuando se lo dije.

Sabía que sería difícil para ella aceptar esto ya que ella realmente quería que yo fuese a Alemania esperando que nos pudiéramos casar allá. Aun así, le había dado mi vida a Jesús y quería la realidad de su reino en mi vida. ¿Sería esto una prueba de esa realidad? Tenía que responder, tomar una decisión sobre lo que yo consideraba una experiencia espiritual extraña.

Pude haber decidido ignorar la voz que escuché aquella noche y aferrarme a mi relación con esta hermosa chica alemana e irme con ella. Tomar decisiones en la vida real basadas en señales espirituales parecía algo extremo, no parecía algo estable. Lo más importante era que si yo deseaba su reino en cada aspecto de mi vida no sólo tenía yo que tomar estas "señales" en serio y también debía encontrar una forma de responder a esas señales.

"Esta palabra que crees que proviene del Señor es algo que debe ser confirmado y probado," me dijo Ilona.
Su punto era válido. ¿Pero cómo podría yo confirmar esto?
Me preguntaba. ¿Qué debo hacer? De repente se me vino una idea a la mente. Iré al Ministerio del Interior y aplicare por la residencia en el país, decidí en ese momento. Si el Señor quiere que yo me quede en Israel, necesito tener eso estampado en mi pasaporte.

CAPÍTULO 15

Milagro en el *Misrad haPnim*

Sabía que en Israel era casi imposible para un no-judío aplicar por cualquier tipo de status residencial en el país. Esta será una buena manera de confirmar su voluntad, pensé yo. Es algo que yo no puedo manipular, así que o proviene de Dios o no proviene de Él.

Había cuatro tipos distintos de estatus en Israel: después de los turistas, venía el de residentes temporales, seguido de los residentes permanentes y el estatus más alto sería el de ciudadanos.

Fui al Ministerio de Interior (*Misrad haPnim*) y pedí una cita con el encargado de las visas. Después de esperar por un largo rato, finalmente me llamaron a una oficina. Detrás de un gran escritorio de madera en el medio de la oficina estaba esta mujer de mediana edad y algo pasada de peso quien tenía apariencia de haber sido encargada por mucho tiempo y no estaba muy feliz al respecto. Me sentía nervioso, pero ya había ensayado lo que iba decir.

"¿Qué requiere usted?" Ella dijo eso de manera impaciente.

"Me gustaría aplicar por la residencia temporal," le dije. Mirándome ella respondió de manera dudosa "¿Es judío? ¿No? Bueno, entonces esa visa no es para usted."

"Eso lo tengo en consideración, pero me gustaría aplicar de todos modos."

Sorprendida por mi chutzpah, ella repitió, "¡No! Este estatus no es para usted. Fue genial de su parte haber venido a Israel de visita, pero ahora tiene que irse del país. Este es un Estado Judío. Si yo envío estos documentos a Jerusalén, seguro van a rechazar su petición."

"Yo también sé eso y aprecio su ayuda. Es solo una planilla, un pedazo de papel. Déjeme llenarlo," le pedí.

Al notar cómo ella estaba con actitud negativa en su silla, sabía que ella ya se estaba irritando mucho. "De acuerdo, bueno si ese es el caso, ¿por qué no aplica por una residencia permanente? De todos modos, lo van a rechazar así que ¿por qué no intenta hacerlo con el estatus más grande?"

"Está bien, hagámoslo," le dije, ya sentía que había tomado suficiente de su tiempo y que ella me quería fuera de su oficina.
Como mi conocimiento de hebreo aún era muy básico, la mujer me ayudó a llenar las planillas.

Debido a que debía quedarme en el país para saber lo que el Ministro del Interior había decidido sobre mi estatus, le dije adiós a Ilona, prometiéndole avisarle apenas supiese si yo iría o no a Alemania. Tenía sentimientos encontrados. Por una parte, yo quería profundizar mi relación con ella, pero por otra parte yo quería saber si mi relación con Jesús podía ser real.

Mientras seguía con mi trabajo en el kibutz, esperé. Las semanas se convirtieron en meses, regresé a mi ritmo diario de trabajo, lo cual disfrutaba. Seis meses después de mi aplicación por la visa encontré una carta con apariencia oficial en mi correo. Ya casi me había olvidado de mi aplicación, por lo tanto, la carta había sido una sorpresa. Durante el almuerzo en el comedor, abrí el sobre.

Dentro del sobre había un papel con una sola oración en hebreo: "su solicitud ha sido aprobada. Por favor traiga su pasaporte a la oficina más cercana del Ministerio de Interior." No estaba seguro si había entendido bien, así que leí una y otra vez las palabras. "¿Qué significa esto?" les pregunté a mis amigos del kibutz.

"Bueno quiere decir que lo que sea que hayas pedido se te ha sido concedido," me dijeron sonriendo.
Me sentía emocionado y al mismo tiempo maravillado. No solo era emoción en el sentido de "Oye, me puedo quedar en Israel" era más como "¡Oye! ¡Él me habló! ¡Dios nos habla! ¡Él habló y yo lo pude entender!"

El día siguiente fui a la oficina del Ministerio del Interior y de nuevo tenía que encontrarme con aquella formidable mujer. No estaba seguro si ella me recordaba, pero estaba tan feliz con mi papel que le hablé como si fuésemos viejos amigos.
"¡Me lo dieron! ¡Me dieron la residencia permanente!"

Lleno de alegría le entregué el papel. En ese momento ya ella probablemente había recordado quién era yo y no parecía nada feliz de verme. Después de leer el papel, sin verme a la cara, lo arrugó hizo una pequeña bola de papel y lo lanzó a la papelera que estaba junto a su escritorio.

"Fue un error," fue todo lo que dijo ella antes de levantarse y salir de la oficina. No sabía qué hacer ante esto, pensé si debía recoger mi pequeño pedazo de papel que ahora estaba en la papelera. ¿Ya se terminó mi visita a su oficina? Me preguntaba. ¿Por qué salió? Todos estos pensamientos los tenía en mi cabeza. ¿Cómo arruiné todo? ¿Significa esto que el Señor no me habló? ¿Debería quedarme? Toda mi felicidad se había evaporado.

De repente se abrió la puerta y la mujer caminó con un gran archivo en sus manos. Sin decir una palabra ni mirarme, se sentó y lentamente revisó los papeles.
Después de un rato me vio, "No entiendo. Debe haber un error," susurró ella.
Estaba sorprendido, pero antes de que yo pudiese decir algo ella siguió revisando los papeles, se repetía a sí misma "No entiendo. Te han dado residencia permanente. ¿Cómo pudo pasar eso?"
¡Regresó mi esperanza!
Tratando de ser amable le dije, "Está bien. Usted no tiene por qué entenderlo. Todo lo que tiene que hacer es sellar mi pasaporte y me iré. ¡De esa forma no me verá nunca más!"
"¡Pero yo nunca he visto algo así esto no había pasado antes!" exclamó ella.
Ya impacienté coloqué mi pasaporte cerca de ella y aparenté estar calmado. Finalmente, luego de lo que me pareció una muy larga espera, ella sacó un sello de caucho de su gaveta y con un "golpe" fuerte estampó mi pasaporte con el estatus de residente permanente.
Se me acumularon emociones muy profundas dentro de mí. Tratando de controlarme le di las gracias y salí de aquella oficina.

Además de este sentimiento de asombro hacia Dios, sentí mi responsabilidad hacia todo lo que había ocurrido. Este momento era una marca inolvidable, una que tendría un poder de dirigir el resto de mi vida, porque de ninguna manera podía decir yo que esto no había sido la voluntad de Dios. El recibir la confirmación de que podía quedarme en Israel permanentemente también significó que mi relación con Ilona había llegado a su fin.

En los meses siguientes empecé a tomar en cuenta algo, si me voy a quedar aquí, debo hacer lo que todos los demás hacen, servir en las Fuerzas de Defensa de Israel. Hablé con varios hombres en el kibutz quienes me ayudaron a ser aceptado en el ejército. Fui parte de una pequeña unidad de soldados patrulleros y peleé junto con otros soldados en la Primera Guerra de Líbano en 1981.

Si alguien me hubiese dicho que cuatro años después de llegar a Israel yo iba a estar luchando en el ejército Israel, le hubiese dicho que estaba loco. ¡Dios sobrepasó todos mis pensamientos e imaginación!

Después de terminar mi servicio militar, decidí aplicar por mi ciudadanía y la recibí sin problemas. Dios me ha impresionado en cuanto a lo mucho que Él ama su pueblo y esta tierra. Me permitió interactuar e identificar esto a través de tantas relaciones. Estoy muy agradecido con Él – es un gran Padre.

Fuerzas de Defensa de
Israel – compañeros de la
Unidad de Paracaidismo

CAPÍTULO 16

La historia de Dafna

Nací con el nombre de Lori Scheimann en el año 1959 y crecí en Ft. Wayne, Indiana, junto a mis padres y dos hermanos – yo era la hija del medio. Ambos de mis padres eran luteranos y ellos tenían ascendencia alemana. Sus familias habían vivido en la misma área por tres generaciones. Recuerdo cuando los padres de mi papá hablaban alemán cuando no querían que entendiéramos lo que estaban diciendo.

Mi vida en los Estados Unidos era bastante normal con la escuela, cumpleaños, celebraciones y vacaciones de campo con la familia. Por fuera parecíamos una familia feliz, pero al llegar los años 70 los problemas maritales que tenían mis padres los estaban llevando al borde del divorcio, esto creó mucho caos en nuestro hogar. Aunque la iglesia luterana siempre había sido una roca para mi papá, él ya no encontraba las respuestas que estaba buscando y empezó a buscarlas en otro lugar. En esa época mi mamá estaba viendo a un consejero médico profesional. Una noche mientras veíamos el programa de Billy Graham en nuestro cuarto de TV en el sótano mi papá empezó a pedir ayuda desesperadamente, empezó a pedirle a Dios. Su primer paso fue leer seriamente la biblia y no volvió a salir a beber socialmente con sus amigos. Al notar ese cambio, mi mamá se preguntaba si él también debía ir al consejo.

"No," le explicó mi padre. "He cambiado porque ahora estoy más enfocado en Dios."

"Esto es lo que he estado buscando toda mi vida," Mi mamá estaba muy feliz.

Esto ocurrió en 1973 cuando el Movimiento Carismático estaba esparciéndose por América. Mis padres empezaron asistir a eventos bajo carpas, pequeñas reuniones en casa y hasta algunos eventos Carismáticos del Catolicismo. A pesar que mis padres parecían estar felices, emocionados y enfocados en reconstruir su matrimonio, este cambio me molestó un poco. ¡Ellos incluso se decían que se amaban! ¿Esto es en serio? Me preguntaba.

Ya que no podía creer en ese cambio me volví rebelde y empecé a vivir mi vida como yo quería yendo en una dirección completamente contraria. Por un lapso de tres años veía a mis padres y sus amigos diciéndome cosas.

"Te amamos," siempre me decían, "y siempre oramos por ti." Genial, pensé, pero tenía mis propios amigos que me "amaban".

Al final de mi tercer año de rebeldía hice un esfuerzo para verme a mí misma. ¿Quién soy yo? No estaba segura. ¿Soy una de esas que intenta ser la "chica buena" en casa para mantener la paz? ¿O soy la que siempre se mete en problemas cuando sale con sus amigos?
Dentro de mi corazón sabía que, si algo malo me pasaba, mis amigos no podrían ayudarme ya que ellos estaban viviendo el mismo desastre de vida que yo estaba viviendo. Por otra parte, sabiendo que mis padres y sus amigos me aceptarían sin importar lo que pasara, empecé a confiar en ellos cada vez más.

Durante su búsqueda espiritual mis padres descubrieron que la biblia era muy judía. ¿Qué son las festividades – Pascua y Sukkoth? Se preguntaban. Poco a poco empezaron a entender que Israel no era solo una historia antigua, sino que era una nación viviente, vibrante y moderna sobre la cual ellos querían aprender y experimentar por sí mismos. Después de visitar nuestros vecinos judíos y leer muchos libros mis padres visitaron la Embajada Israelí en Chicago, "¿sería posible vivir en Israel?" se preguntaban. Le aconsejaron a mi papá enviar su currículo de ingeniero de diseño de camiones a distintas compañías en Israel. Una compañía en Nazareth Illit respondió enviándole un telegrama diciendo que necesitaban un ingeniero de camiones como él y si podía viajar ese mismo año. Luego de otras reuniones en la Embajada Israelí mis padres decidieron vender todo lo que teníamos – casa, carros, la casa en el lago – y mudarnos a Israel.

En ese momento yo también estaba lista para unirme a ellos ya que le había dado mi vida al Señor y había hecho una promesa de seguirlo. Mudarme a Israel me daba una nueva oportunidad, un nuevo comienzo.

CAPÍTULO 17

Primer Encuentro con Rick

Llegamos a Jerusalén en septiembre de 1976. Experimentar la ciudad vieja y la nueva fue impresionante – había tantos sonidos y olores nuevos, caras nuevas. Era una ciudad moderna que vivía junto a su historia antigua. Vivir con un grupo de americanos nos ayudó a aclimatarnos a la "tierra". Tres meses después nos mudamos a Afula en el Valle Jezreel para estar más cerca del trabajo de mi papá. Fue durante ese tiempo que me cambié mi nombre a "Dafna". Lori es derivado de Laurel lo cual en hebreo se traduce como Dafna. Nos inscribimos en familia en el Ulpan por seis meses para aprender el idioma hebreo. Hicimos nuevos amigos al familiarizarnos con las costumbres de nuestros vecinos tunecinos y marroquíes. Cada vez que podíamos viajábamos por el país para disfrutar las vistas.

Haifa no estaba lejos de Afula, así que los viernes viajábamos a un hostal para jóvenes donde un pequeño grupo de creyentes se reunía. Un joven canadiense llamado Rick Wienecke también venía a estas reuniones y se quedaba durante la noche en ese hostal. Él era un nuevo creyente de Jesús, totalmente enamorado de Israel y su único deseo era conocer más de Israel y Jesús.

Cuando lo vi por primera vez, tenía cabello largo, ondulado, color arena y una barba abundante. Sus camisas de cuadros junto con pantalones de jean azules eran "sus mejores ropas", también eran un rasgo que lo definían en aquella época.
Como consecuencia de mis años anteriores, me había vuelto reservada, tímida a los dieciocho años de edad, se me hacía difícil conversar con gente de mi edad.

Era mi padre el que había conversado varias veces con Rick y descubrió que ambos eran apasionados por el tenis. Él invitaba a Rick a nuestra casa los viernes en la noche para así poder jugar en la mañana del Sabbat.

Rick y yo nos volvimos amigos, me gustaba cuando venía ya que era inteligente, divertido y me hacía reír. Al pasar los años, Rick y yo tuvimos otras amistades y algunas relaciones serias. Tuve una relación seria con un joven israelí con cuya familia me había encariñado durante mis primeros dos años en Afula. Luego un guapo holandés quería que yo lo visitara en Holanda. Sin importar nuestros otros intereses, Rick y yo siempre estábamos en contacto. Siempre era fácil hablar con él porque teníamos una empatía mutua natural y amigable.

Adoraba mi trabajo como asistente de una escuela preescolar. Al estar con niño de 2 a 4 años y enseñarles canciones e historias, me ayudó aprender mucho a mí también, particularmente sobe la cultura judía, festividades, historia y actitudes.

Me gustaba trabajar en los proyectos de arte de los niños, obras de teatro y sus fiestas de cumpleaños. Sabía que mi futuro no era ser una *Ganenet* (maestra de preescolar), decidí inscribirme en la escuela de enfermería en 1979.

Afula tenía un hospital grande para toda el área que incluía las aldeas árabes, kibutz y los moshav. A pesar que la escuela de enfermería adyacente al hospital estaba cerca de nuestra casa opté por vivir en los dormitorios para estudiantes. De esta manera podía estudiar con otras chicas a la vez que seguía aprendiendo hebreo como mi segundo idioma. Durante esta época me enfoqué en mi vida estudiantil al mismo tiempo que pensaba en mi futuro como enfermera.

Al mismo tiempo Rick había ido a un kibutz religioso para hacer un curso de tres meses acerca del judaísmo. Aunque no nos veíamos mucho, seguíamos en contacto.

En 1980, cuando Rick tenía 26 años, se unió a las Fuerzas de Defensa de Israel y se convirtió en un soldado de patrullaje en la unidad llamada *Shaked* (almendra).

Aproximadamente en esa misma época decidí irme de Alufa y continuar mi entrenamiento en un hospital más pequeño en Poriah cerca del Mar de Galilea. En 1981 obtuve mi licencia como enfermera. Mientras trabajaba en la guardia de maternidad y ginecología, vivía en uno de los apartamentos para enfermeras en terrenos del hospital. Amaba mi profesión, pero los constantes cambios de turno eran un reto muy fuerte para mí.

CAPÍTULO 18

"Eres mi mejor amigo…"

Rick y yo siempre habíamos estado en contacto y nos veíamos ocasionalmente. En esa época empecé a notar que Rick me llamaba al teléfono con mucha regularidad lo cual me hizo preguntarme si él ahora se había interesado más en mí. Debido a mi ocupada vida no me di cuenta antes del esfuerzo que requería que él me hiciera esas llamadas. No existían los celulares en aquel entonces y su unidad estaba constantemente cambiando de posición. Pero siempre me gustaba saber de mi mejor amigo. En un momento le pregunté, "¿por qué me llamas tan a menudo?" esperando obtener una respuesta comprometida hacia una relación. Pero solo me respondía cosas casuales.

Poco después Rick me visitó en el apartamento de enfermera donde vivía, esa vez fue vestido con su uniforme del ejército y cargaba un gran bolso mientras que yo usaba mi uniforme de enfermera. Me sentía cómoda con las visitas de Rick, fuese en la casa de mis padres en Afula o durante salidas con amigos. Por lo general nos relajábamos cuando estábamos juntos, pero en esta ocasión todo era diferente. Estaba más serio como si tenía algo en mente. Se sentó todo recto en la silla mientras yo me senté en la estrecha cama de mi dormitorio Rick me vio fijamente y dijo:

"Creo que nuestra relación ahora se está volviendo más seria. ¿Qué opinas tú?" ¡Estaba impresionada! Esto era una pregunta directa, en persona, exactamente lo que yo quería escuchar, pero al mismo tiempo yo luchaba con pensamientos como, ¿y qué puedo hacer con mi trabajo?

Estos turnos tan locos, ¿cómo puedo comprometerme con él y con mi trabajo? "Rick," le dije, "¡Eres mi mejor amigo! Podemos ser amigos." En mi mente esta era una manera de demostrar mi confianza en él y esperaba que esto abriera la puerta para una mayor comunicación. Sin embargo, Rick asintió y dijo, "creo que es hora de que me vaya." Entonces recogió su mochila y caminó hacia la puerta.

Su reacción me causó alarma. ¡Rick no era así! Mientras estaba en la puerta del apartamento antes de decir adiós, noté el amanecer dorado, como en las películas, cuando un hombre está diciendo adiós por última vez.

"¿Esto significa que ya no me vas a llamar tanto por teléfono?" le pregunté.

Colocó su mochila sobre su hombro y Rick dijo, "¿Hay alguna razón por la cual deba llamarte a menudo?" Caminó hacia el amanecer para pedir un aventón hasta su base militar hacia el norte.

Preocupada, me di cuenta que Rick no me había entendido bien.

Él pensó que mis palabras significaban que no estaba interesada en una relación más allá que una amistad. Justo allí, supe que, si no hacía algo, iba perder algo muy valioso.

En los fines de semana, cuando estaba libre de mis deberes en el hospital, yo iba a la casa de mis padres o tomaba el bus hasta "Beit Emanuel", un hostal mesiánico para jóvenes cercano a la playa de Tel Aviv. Los jóvenes creyentes tenían edades entre los 18 y 30 años y se encontraban los sábados en la noche para enseñar la biblia, tocar música de alabanza y "compartir".

Al saber que Rick iba a estar allí el siguiente fin de semana, le pedí a mi compañera francesa que me hiciera trenzas en mi cabello que me llegaba por los hombros. Elegí mi mejor camisa y mis mejores pantalones, empaqué una mochila y me fui a Tel Aviv. ¡Tenía que hablar con Rick! ¡Debía decirle cómo me sentía realmente!

Llegué a tiempo para la reunión de la tarde y encontré a Rick hablando con amistades, ¡quienes eran todas mujeres! Toda la noche estuve cerca de él. Nos unimos a un grupo de amigos para compartir y comer pizza esa noche y me sentí triste al notar que Rick se comportaba amigable pero reservado cuando me hablaba.

Cuando me enteré que él había reservado una cama en el dormitorio del hostal, estaba feliz de que yo había decidido hacer lo mismo. La mañana siguiente había pocas personas en la mesa de desayuno así que teníamos la oportunidad propicia para hablar.

"Es mi día libre de la base," dijo Rick, "tengo que hacer algunas diligencias en la ciudad."

"¿Puedo acompañarte?" le pregunté.

Juntos tomamos el bus hacia la ciudad antigua de Yaffo hasta la siguiente estación. Mientras esperaba en la fila con Rick estaba ocupada pensando, ¿cuándo será el momento apropiado para hablar con él? No en el bus. No, es imposible y tampoco aquí podemos hablar. Así que decidí esperar por el momento apropiado.

El tiempo pasaba muy rápido. Yo debía estar de regreso en Poriah a tiempo para empezar mi turno nocturno. El viaje en bus tomaría tres horas para llegar allá. Cuando Rick me dijo para acompañarme hasta la Estación Central de Buses en Tel Aviv eso me hizo sentir que las cosas estaban funcionando nuevamente. La ruta por la playa implicaba bajar por una colina bastante inclinada de rocas enormes. Emocionada, tomé la mano de Rick mientras me ayudaba a bajar y no me soltó incluso cuando ya habíamos llegado a la playa. Empecé a sentir que finalmente podría decirle las palabras para hacerle saber cómo me sentía con nuestra relación.

Nos sentamos en la tibia arena. Esa tarde de otoño temprano tenía un clima suave con una leve brisa del océano. Disfrutaba tanto estar con Rick que casi se me olvidó dar mi discurso. Y ahora ya había llegado el momento de partir. Debía tomar un bus.

Nos sentamos en la acera para colocarnos nuestros zapatos. Ambos vimos el sol descender sobre el hermoso Mar Mediterráneo. Al tener la atención de Rick le confesé mis verdaderos sentimientos.

"Espero sientas lo mismo por mi," agregué.

Fue un alivio que empezó a sonreír con su maravillosa sonrisa de "Rick".

"¡Claro que sí! ¡Este es el mejor día de mi vida!" exclamó él.

Juntos caminamos a la Estación Central de Buses donde me compró una bolsa de semillas de girasol y me dio un beso muy cariñoso. Teníamos que decir adiós, no sabía cuándo nos íbamos a ver de nuevo.

Aliviada, regresé al hospital, sabiendo que nuestra relación había sido rescatada. Pero más que eso, habíamos hablado de nuestras intenciones de profundizar nuestra relación. Esperaba saber de Rick durante la semana, empecé a preocuparme cuando pasaron tres semanas y aún no sabía nada de él. ¿Qué pasó? Me preguntaba. ¿Se arrepintió?

Iba tener un fin de semana largo libre del trabajo así que decidí ir a la casa de mis padres y allí me enteré que Rick no había llamado - ¡Israel estaba en guerra! Sabía que había algunos disturbios y desorden en la frontera con el Líbano, pero nuevamente mi vida de enfermera me había aislado del resto del mundo. Yo no tenía idea de los eventos políticos que estaban ocurriendo. Nunca en mi vida había imaginado que Rick podría haber sido llamado a combate. Su unidad había estado haciendo maniobras durante los últimos meses, debido a esto Rick a menudo viajaba hacia el norte, esta había sido la razón por la cual él podía pasar un rato y visitarme en el hospital. En aquel momento él estaba bajo estrictas órdenes de no decirle a nadie lo que su unidad estaba haciendo en la frontera del norte y ahora yo me había enterado que ¡ya habían llegado a Líbano!

La atmósfera en el hospital se puso densa, podía sentir la tensión aumentando cada día. Debido a que el hospital de Poriah daba su servicio a una región limitada, sabíamos que probablemente no estaríamos recibiendo soldados heridos de gravedad. Aun así, debíamos estar atentos. A cada hora veíamos o escuchábamos las noticias y regularmente escuchábamos helicópteros llevando soldados heridos a hospitales más grandes como el de Afula y el de Haifa. Tantas veces como pude me juntaba con otros creyentes en el área y compartíamos información además de orar por la situación.

CAPÍTULO 19

"...¡E iría a cualquier parte contigo!"

Unas semanas después, estaba en la casa de mis padres nuevamente y de repente ¡Rick llamó! Escuchar su voz fue tan maravillo, ¡tan emocionante!

"Me han dado permiso temporal del frente y estoy en camino al kibutz," dijo él. "Mi convoy se detendrá en Afula así que le preguntaré al oficial si me puede dejar en el centro del pueblo." Apenas mi papá salió a recoger a Rick, mi mamá y yo empezamos a preparar comida ya que nos imaginamos que Rick estaría hambriento. Finalmente ¡Rick entró por la puerta delantera! ¡Era tan genial verlo! No podía quitarle mis ojos de encima. Feliz y orgullosa le agradecí a Dios por haberlo traído a salvo. Después de más de cuatro semanas de combate en Líbano, Rick se veía como un hombre salvaje. Durante su tiempo en la armada Rick había desarrollado muchos de sus músculos, pero también tenía una apariencia descuidada. Su larga y descuidada barba estaba cubierta con polvo blanco. Su uniforme lucía como si no se lo había quitado en varios días. Su cara estaba maltratada, obviamente estaba agotado, pero para mí era impactante, sumamente atractivo. Lo invitamos a comer y traté de ser lo más sensible posible a sus necesidades emocionales, no sabíamos aun lo que había visto o en qué cosas le había tocado participar. Al principio Rick no pudo comer, se disculpó y se sentó un rato en el porche solo, luego preguntó si podía ducharse. Vestido ya con la ropa limpia que mi padre le había dado, Rick se relajó un poco. Mis padres se habían ido a su habitación y nos dieron la oportunidad de estar solos. Sentados en el porche mirando las estrellas, deseaba que ojalá nunca me dejara de nuevo.

Ya que tenía dos días libres decidí ir con Rick a su kibutz, Ramat Hakovesh, el cual me encantaba. Era maravilloso poder viajar juntos de nuevo y sentíamos un espíritu de independencia. Incluso andar en buses o pidiendo aventones, una forma común de viajar en aquel entonces, era liberador. Este era nuestro momento de compartir y estábamos vivos.

Por este período corto de tiempo ambos estábamos sin usar nuestros uniformes, por lo tanto, libres de nuestras obligaciones y decidimos sacarle el mejor provecho a eso.

Rick recibió una gran bienvenida por parte de su familia del kibutz junto con abrazos y sonrisas. Motti y Ruti, quienes sabían de las historias y escapadas de Rick, habían estado ansiosos con las noticias sobre la guerra. El camino corto hacia el comedor comunal era ahora más largo de lo usual ya que todos querían escuchar la historia de Rick o contar sus historias propias.

Poco después, la mayoría de los kibutzniks sabían que "Rick y Dafna estaban juntos". Visitamos amigos y hablamos por horas en su habitación. La noche que pasamos en el kibutz, Rick me dio su habitación y él fue a la habitación de Ruti y Muti. Yo respetaba la convicción de Rick sobre mantener pura nuestra relación lo cual también era un buen ejemplo para aquellos que nos rodeaban.

La siguiente ocasión que Rick vino a casa, se me propuso y esta vez no hubo dudas de mi parte, ni consideración sobre mi trabajo o deberes. Sin embargo, mi respuesta fue la misma, "Rick, eres mi mejor amigo e iría a cualquier parte contigo."

Juntos hemos ido literalmente a tantos lugares, siempre siguiendo la voluntad del Señor. Hemos criado dos maravillosos hijos, Daniel y Yohai. Y aún somos mejores amigos.

CAPÍTULO 20

Boda, Luna de Miel y Vida en el Kibutz

Dafna y yo nos casamos en febrero de 1983 y el kibutz nos dio una luna de miel de cuatro meses.

Ya que mi madre no había podido ir a la boda, volamos a Toronto donde ella nos hizo una gran fiesta. También visitamos los familiares de Dafna en los Estados Unidos y disfrutamos de una luna de miel larga con un gran final en Taos donde fuimos a esquiar.

Viajando por Colorado, visitamos a los tíos de Dafna, Max y Judy quienes habían sido misioneros en Nueva Guinea. Ellos construyeron una cabaña en Colorado que era similar a las cabañas que habían usado cuando estaban en su misión. Dafna reconoció la cabaña por su infancia y notó que su tío había construido otra – una cabaña de dos pisos. En la parte de arriba estaban las habitaciones y en la parte de abajo había una gran área abierta para propósitos de la iglesia o del ministerio, como rehabilitación para alcohólicos, mientras él vivía en la otra cabaña.

El Tío Max había vendido esas construcciones, pero luego tuvo que anular el contrato ya que las personas no habían pagado lo acordado. La primera cabaña había sido hogar de una familia que vivía allí con sus cabras y pollos mientras la otra construcción había sido convertida en un granero. Solo años después entenderíamos el significado de esta pequeña visita en Colorado.

Después de nuestra luna de miel, regresamos a Israel. Dafna trabajó primero en el hogar para niños del kibutz y luego en el hospital Kfar Saba, yo trabajaba en las plantaciones de banana.
Todas las personas que yo conocía sabían que yo me quería dedicar a tiempo completo al arte, tallar madera y si el kibutz hubiese tenido una división de eso que generara un ingreso me hubiesen dejado hacerlo. Aunque esto no era posible me dieron un pequeño cobertizo que luego convertí en un estudio y también me enviaron a un curso de artes de tres meses en Tel Aviv. Pero incluso "el artista del kibutz" como todos los demás, debía cumplir con su cuota completa de trabajo diario. Nos sentíamos en casa junto a nuestros amigos del kibutz quienes nos aceptaban totalmente a ambos.

CAPÍTULO 21

Extendiendo nuestras alas

Un año y medio después de nuestro matrimonio, cuando Dafna estaba en proceso de convertirse en miembro del kibutz, el señor empezó hablarnos sobre la dedicación al arte a tiempo completo. Nos dimos cuenta que, si nos quedábamos en el kibutz, el arte se convertiría solo en un pasatiempo. Nuestros hijos serían *kibutzniks* criados en el hogar para niños. Queríamos criarlos de acuerdo a nuestra fe, con sus padres. Dafna y yo sabíamos que había llegado el momento de dejar esa vida "protegida" que tanto disfrutábamos y zambullirnos en lo desconocido que sería la vida fuera del kibutz. Fue difícil dejar a nuestros amigos y "familia" ya que conocíamos a cada una de las personas del kibutz. También teníamos varios retos prácticos por afrontar: teníamos que alquilar nuestro propio apartamento, comprar muebles, abrir una cuenta bancaria y Dafna debía cocinar nuestras comidas.

Estábamos cambiando un ambiente rural por el ambiente de un apartamento de dos habitaciones en Kfar Yona, cerca de Netanya. Ruth y Yatzuk, eran amigos israelíes que también vivían en esa aldea. Mientras Dafna seguía trabajando en el hospital Kfar Saba yo era un jardinero para las familias de la embajada de Estados Unidos que vivían en Kfar Shmariyahu. Cada día montaba mi bicicleta de diez velocidades para ir al trabajo. Era un viaje de 70 kilómetros, pero valía la pena ya que me pagaban en efectivo, en dólares. Durante esa época la hiperinflación era tal que un dólar equivalía a 1.000 liras. Durante el Sabbat íbamos a reuniones en Netanya.

Aunque uno de nuestros dormitorios había sido convertido en un estudio yo no lo usaba mucho ya que ahora estaba trabajando como jardinero a tiempo completo. Solo después del trabajo había tiempo para la creatividad artística. Yo sabía que necesitaba más entrenamiento en las técnicas de escultura. Requería de conocimientos básicos tales como afilar cinceles y qué tipo de cinceles debía usar.

"¿Crees que deba ir a una escuela de arte?" le pregunté a mi amigo Benjamín.

"Hay muchas 'cosas raras' en las escuelas de arte," me advirtió Benjamín, pero, "si piensas ir a una, debes ir a investigarla y pregúntale al señor antes de decidir. No tomes por sentado que debes ir a una escuela de arte."

CAPÍTULO 22

Visitando a los abuelos en Toronto

Cuando nació Daniel, nuestro primer hijo en 1985, ciertamente mis padres querían ver a su nieto. Se enteraron que era más económico enviarnos dinero para comprar los boletos y durar seis meses en Canadá que ellos viniesen a Israel y se quedaran en un hotel. Junto con nuestro bebé de dos meses, hicimos una parada en Italia donde vimos las obras de Miguel Ángel. Había leído su historia y había visto la película, pero ahora deleitamos nuestros ojos con sus obras principales en Florencia y Roma.

En el tiempo que nos quedamos con mis padres en Toronto, hice visitas a la escuela local de arte donde había estudiado mi tía. Hice algunas preguntas, conocí algunos profesores y les dije que deseaba esculpir y que solo necesitaba información técnica al respecto. Me dijeron que, para obtener un diploma en artes, tenía que aprender a pintar, pintar seda y otras cosas que yo no necesitaba o quería hacer. Entré a una de las clases y vi cómo enseñaban a los estudiantes. Sentir esa atmósfera, me hizo recordar las palabras de Benjamín y supe que él tenía razón – era muy "raro" lo que ocurría allí. Por otra parte, estaba el aspecto financiero de la escuela. Ahora yo era un hombre casado con un niño pequeño y para el momento en que yo culminase mis estudios de arte allí, después de cuatro años, tendría una deuda de aproximadamente $25.000, eso era si trabajaba y estudiaba. ¡Si te endeudas no podrás regresar a Israel! Me advertía el Señor. La respuesta era sumamente clara – no debía ir a la escuela de arte.

Para tener algo de ingreso mientras estábamos en Canadá, había estado trabajando como conductor de bus, camión y de taxi (un conductor de taxi ya distinto) y había ganado suficiente dinero como para pagar otros seis meses de estadía. "TransRuedas", un servicio de taxi en Toronto para personas con discapacidad y de edad mayor, había sido un excelente trabajo que ofrecía muchos beneficios, incluyendo seguro de salud.

Mi familia pensó que yo nunca dejaría un trabajo tan seguro y que compraría una casa para quedarme en Toronto. Dafna y yo sabíamos que nuestra estadía en Canadá sería algo temporal y que eventualmente regresaríamos a Israel. Empezamos a ir a muestras de escultura en Toronto, en especial las exhibiciones de arte en madera. Nos encontramos con las impresionantes piezas de arte de Joe Dampf y nos enteramos que vivía en Toronto, nos gustaban mucho sus piezas.

"Hola, usted no me conoce," le dije a Joe por teléfono, "pero he visto su trabajo y me gusta muchísimo. Soy un escultor que apenas estoy empezando y realmente no sé mucho. ¿Hay alguna posibilidad que podamos hablar en persona? ¿Tomar un café y hablar un poco de su trabajo?"

"¿Eres de Toronto?" Joe quería saber.

"No, yo soy de Israel."

Joe se interesó mucho. Quería saber acerca de Israel y el kibutz.

"¡Claro que me gustaría encontrarme contigo!" me dijo.

Luego de haber tomado café, Joe me llevó a su casa y me mostró todo el proceso desde la idea inicial hasta el producto final.

"Estoy dando clases en la escuela nocturnam" me informó Joe. "Estás invitado a mis clases, pero además de eso, podemos hablar cuando yo tenga tiempo."

Joe y yo tuvimos una buena conexión desde el principio y le podía preguntar cualquier cosa que yo quisiera, por teléfono, al tomar café o en su clase de arte. No solo yo hacía muchas preguntas, sino que también necesitaba una experiencia práctica, algo así como una pasantía.

Cuando Joe me enseñó cómo trabajar en arcilla, la primera pieza que hice fue un retrato de mi padre que yo había tallado y luego le había echado fuego. Al principio no me gustaba el material, me parecía desastroso y la textura de la arcilla no me gustaba ya que estaba tan acostumbrado a trabajar con madera dura.

Durante los diez meses que estuvimos en Toronto, me encontraba regularmente con Joe. Me enseñó cómo hacer un molde, realizarlo con yeso y cómo usar el mismo sistema de puntos que usaba Miguel Ángel para transferir la información del modelo a la piedra. Tenía solo pedazos de información acerca de esta forma de trabajar.

No sabía cómo implementar la técnica hasta que Joe me mostró. Ya en ese momento había aprendido bastante y ya había llegado mi momento de volar yo solo. ¿Pero cómo? ¿Y dónde?

CAPÍTULO 23

Desde la casa del lago hasta la Cabaña
en las Montañas de Colorado

Mis padres eran propietarios de una pequeña casa al norte de Ontario y le preguntamos a mi padre si podíamos quedarnos allí por un tiempo. Ya había llegado el momento en la vida donde debía averiguar si podía convertirme en un artista a tiempo completo. Hasta entonces yo había estado esculpiendo por aquí y por allá durante cortos períodos de tiempo, siempre trabajando, pero nunca había podido dedicarme a trabajar en mi arte por días seguidos. ¿Se me acabarían las ideas? Me preguntaba. ¿Se volverá aburrido esto? ¿Nos quedaremos sin dinero? Esto nos iba a indicar si mi vida como artista era realmente lo que quería Dios o si era solo algo que yo quería.

A principios de primavera nos mudamos a la casa del lago y la casa del bote se convirtió en mi estudio. Durante ese tiempo el hielo empezó a derretirse y planeamos quedarnos allí hasta finales de otoño, justo antes que el invierno comenzara de nuevo.

Apenas empecé a trabajar en mi estudio cerca del lago me empezaron a fluir las ideas. Seguían llegando a mí y poco después ya tenía un ritmo fijo de trabajo. Sin embargo, ya no era un hombre soltero con muchísimo tiempo libre pues ahora era esposo y padre de un hijo pequeño.

La distancia entre la casa y el estudio era muy grande como para gritar así que Dafna anunciaba el almuerzo soplando un pequeño cuerno de alce. Estar a mitad de un proyecto de arte y de repente escuchar el sonido que me decía que el almuerzo estaba listo me causaba un sentimiento de asombro.

Al caminar hacia la casa y ver a mi amada esposa e hijo, entraba en un mundo distinto – un mundo de orden. Era una gran diferencia con respecto al estudio del que acababa de salir – allí solo había caos, pedazos de madera por todas partes y piezas parcialmente culminadas.

Salir de mi mundo creativo y entrar al ambiente ordenado de mi hogar me ayudó a mantenerme cuerdo – algo sumamente importante para un artista. La consistencia en el hogar estimula la creatividad y ese vínculo con la vida normal proporciona un balance sumamente necesario.

A través de los años he conocido muchos artistas que han colapsado porque no tenían este balance. A menudo son divorciados (en varias ocasiones) o viven junto con alguien. La mayoría de los artistas (no creyentes) tienen relaciones inestables y no pueden lidiar con el mundo "normal". Al no poder encontrar alivio en su mundo caótico, abusan de las drogas o el alcohol para escapar del masivo desorden que tienen en sus vidas.

Qué bendecido era yo al tener a Dafna en mi vida, una ocupada madre joven con quien podía tener conversaciones durante el almuerzo hasta que regresaba al estudio. A Daniel le gustaba estar parado en el porche y gritar con todas sus fuerzas. Él no molestaba a nadie porque estábamos completamente solos allí.

Pasaron seis meses rápidamente y las seis piezas terminadas de arte comprobaban que podía trabajar como un artista a tiempo completo. ¡Era un sentimiento maravilloso!

"Pero ¿qué podía hacer luego? ¿Dónde podíamos vivir durante el invierno?"

"¿Qué pasó con la cabaña de tu tío en Colorado?" Le pregunté a Dafna.

"Él está intentando venderla," dijo Dafna.

En una llamada telefónica al Tío Max me dijo que aún estaba intentando vender las dos cabañas. Mientras yo trataba de definir los términos del contrato, Dafna aún tenía problemas con la idea de mudarnos a ese lugar. Ella sabía que sería difícil vivir en esa área. Por cinco días ella oró y pensó acerca de esta mudanza y le dijo al Señor, "si esta es TU voluntad entonces lo haré." Resultó ser SU voluntad ¡y entonces empacamos para mudarnos a Colorado!

Al mismo tiempo que yo volvía al trabajo para tener suficientes finanzas para mudarnos a Colorado, Dafna y Daniel se quedaron con la familia de su hermano en Colorado Springs hasta que yo viajara con el remolque y nuestras pertenencias. Limpiar y renovar era una labor muy grande ya que la cabaña de dos pisos no había tenido habitantes por unos cuantos años. Una compañía de demolición nos vendió materiales baratos para renovar la parte superior que sería el lugar donde tendríamos nuestras habitaciones. La parte baja la convertiría en un taller. Un camino rural daba con un pequeño pueblo donde había tiendas y una biblioteca. Afortunadamente, también hicimos nuevas amistades allí. En Colorado nos encontramos con una empresa de fundición de bronce. Como siempre, hice toda clase de preguntas a los trabajadores. Su reacción me sorprendió.

"¿Quién eres tú?" me veían sospechosamente. "No te conocemos."
Pronto descubrí que los hombres que trabajan en fundición no tenían la paciencia para lidiar con artistas.

Trabajar con bronce era uno de mis deseos, pero necesitaba hablar con alguien que no se molestara con mis preguntas y que estuviese dispuesto a mostrarme cómo trabajar con ese, material precioso. Me mantuve orando para que un día el Señor me llevara a conocer la persona apropiada para ello.

CAPÍTULO 24

Aprender a Confiar y Obedecer

Colorado y Toronto me habían proporcionado un buen proceso de aprendizaje, pero ya era momento de regresar a Israel. Daniel ya tenía cuatro años de edad ahora, habíamos alquilado un apartamento agradable que también tenía espacio para nosotros ya que éramos una familia ya un poco más grande además que tenía un estudio. El Señor empezó a indicarnos que este próximo período de nuestras vidas sería "todo o nada", "Dafna no puede trabajar de enfermera y ¡no debes dejar que nadie se entere de tus necesidades!" Estas serían las condiciones. Tratando de mantener nuestra parte del trato, Dafna y yo vivimos tan sencillamente como pudimos sin pasar hambre. No teníamos carro así que yo andaba en mi bicicleta de 10 velocidades para todas partes.

Aprender cómo vivir de acuerdo a la fe fue un proceso gradual y la mayoría de la gente no cree posible que alguien pueda trabajar a tiempo completo en el arte y vivir prácticamente, así que esto representaba un doble reto. Parecía que cada vez que nuestra cuenta bancaria llegaba a cero, vendíamos una pieza de arte o recibíamos dinero por una comisión. Conocer el promedio mensual de lo que necesitábamos para vivir nos ayudó a calcular cuántos meses extra nos daría una gran comisión y cuanto espacio extra para respirar eso implicaría.

Durante el tiempo que nuestra cuenta bancaria estaba en cero, Julie, una amiga de Colorado, vino a visitarnos. Ella había comprado una escultura y aún nos debía $300. Teníamos cuentas por pagar ya Dafna y yo estábamos nerviosos sobre cómo poder pagarlas, "Bueno, el Señor nos llevó hasta el último momento, pero ¡viene Julie! ¡Ella nos debe $300!" En esos días, no solo podíamos pagar todas nuestras cuentas con esa cantidad de dinero, sino que también representaba un alivio por unas semanas.

Luego de pedir prestada la van "comunitaria", recogí a Julie en la estación central de bus en Netanya. Ella nos bendijo con una bolsa de productos como crema dental y cosas especiales de los Estados Unidos.

Almorzamos juntos y disfrutamos ese momento, pero durante todo ese tiempo me preguntaba, "Señor, ¿cómo puedo recordarle de los $300? ¿debería traer el tema a la conversación?" y cada vez sentía una señal que me decía, "¡no digas ni una palabra!"
Esto era tan difícil para mí. Señor, le pedí, no estoy PIDIENDO dinero a Julie, sino que Julie NOS DEBE esta "gran" cantidad que necesitamos ¡justo ahora!
Aunque en todo lo posible traté de disfrutar la visita, mi mente volvía a la misma pregunta, "¿nos dará ella el dinero o no?"
Cuando llegó el momento de llevar a Julie a la estación central de buses, ya estaba casi desesperado.
     "Señor, ¡ya es suficiente!" Me quejé internamente.
     "No le he dicho nada a Julie. ¡Vamos! ¡Ella se está yendo!"
Era el momento de decir adiós. Mientras yo me quedé en la van, Dafna acompañó a Julie a la plataforma correcta. En ese momento, ya yo había aceptado el hecho de que ella no nos había dado el dinero, pero por otra parte esperaba que en el último momento ella nos dejara los $300 (y quizás más) en el último momento en las manos de Dafna y todo ya habría terminado.

Cuando Dafna regresó a la van, hice un gran esfuerzo de sonar bajo control. "¿Bueno? ¿Te dio alguna parte del dinero?
     "No. ¡No me lo dio!" dijo Dafna. "¡Ni siquiera lo mencionó!"
     "¡Oye! ¿Qué ocurre Señor?" exclamé yo.
Nos vimos mutuamente y pensamos, de acuerdo, esto es bastante duro, ¡Señor! Así que luego oramos, tratando de no estar muy confundidos, pero no lográndolo del todo.
En casa, hablamos del reto financiero que teníamos y tratamos de darnos apoyo mutuo. Cuando llegó el momento de ir a la cama, aún no teníamos idea de cómo se iba solventar esta situación tan difícil.

El siguiente día, que parecía solo un día normal, había una carta en el correo de una iglesia de Carolina del Norte. Art Carlson, un viejo amigo de nosotros, era pastor de una iglesia allá, pero no habíamos tenido contacto con él en los últimos seis o siete meses. Cuando abrimos el sobre de la Iglesia de la Gracia, había dentro de allí un cheque hecho para nosotros por la cantidad de $300.

No había ninguna nota, ni carta, solo el cheque por la cantidad de dinero exacta que Julie nos debía. Le escribí una carta a Art preguntándole por qué nos había enviado el dinero. Pocas semanas después llegó una respuesta, "solo tuve una idea que me dio el Señor de que debía enviarte esa cantidad de dinero."

La manera milagrosa en que el señor nos ayudaba a cubrir nuestras necesidades se convirtió en una base de piedra para nosotros. Entendimos que con esta lección con Julie, el Señor quería que nos mantuviésemos en los principios que él nos había enseñado. El hecho que no teníamos que preocuparnos de dónde venía el dinero nos daba una sensación de libertad de tomar decisiones basadas en la confianza y no siempre en las finanzas.

Este principio luego me daría la oportunidad de trabajar como aprendiz por un año sin paga, sabiendo que el Señor nos ayudaría con todas nuestras necesidades. Durante ese año aprendí todo el proceso de trabajar con bronce de principio a fin, el Señor nos ayudó. Al aprender ser obedientes en el área de las finanzas también notamos que esto creaba tensión con otros creyentes. Algunos de ellos no gustaban del hecho que el Señor nos había dejado claro que no debíamos decirle a los demás sobre nuestras necesidades.

"Tienes una actitud muy arrogante," me dijo un creyente. "Debes hacer conocer tus necesidades para que así la gente te pueda dar algo. No eres lo suficientemente humilde, ese es el problema."

"Si el Señor te dijera que enviaras cartas pidiendo ayuda, está bien," le dije a la gente. "Pero no juzguen a las personas que han sido ordenadas para que actúen de manera distinta."
Cuando era aún un joven creyente, leí libros acerca de Hudson Taylor y Muller. El que era acerca de Reese Howels lo había leído unas veinte veces. Estos maravillosos libros me habían enseñado cómo estos grandes hombres de Dios confiaban en Él para que les ayudara con las necesidades de sus ministerios encomendados por Dios. También mis amigos Benjamin y Art Carlson me enseñaron acerca de la importancia de tener una buena relación con respecto al dinero en el Reino de Dios.

CAPÍTULO 25

El aprendiz de fundición

Finalmente, luego de volver a Israel nos encontramos con nuestro amigo Yatzuk de Kfar Yona. Cuando le conté sobre mi decepcionante encuentro con la empresa fundidora de bronce en Colorado él me dijo "¡mi mejor amigo tiene una fundidora en su patio!"

"¡Nunca me contaste de ese amigo!" exclamé. "¡Oh! ¡Me gustaría que lo conozcas!" Dani Jakobi y yo tuvimos una buena afinidad desde el principio.

"¿Puedes mostrarme todo lo que debo saber acerca del bronce?"
Le pregunté, "¿me enseñarás?"

Dani necesitaba ayuda en la fundidora, pero no tenía suficiente como para pagar un salario, así que le ofrecí mi ayuda gratis. Durante casi un año y medio de trabajo con Dani, aprendí a hacer moldes y ceras y a vaciar bronce. Debido a que estaba trabajando sin recibir salario, Dani me dejó hacer mis primeras piezas de bronce sin cobrarme. Al hacer piezas más pequeñas, aprendí el proceso del bronce junto con el lado creativo de ello. Pero lo más importante de todo fue que durante ese tiempo el Señor me recalcó su lección sobre las finanzas. Desde un punto de vista creativo, una de las cosas más grandes que aprendí durante este período fue que no debía preocuparme si una pieza iba venderse o si era algo que se podía ofrecer en el mercado o no. Todo lo que debía hacer era responder a lo que el Señor me estaba mostrando y dejar que Él hiciera el resto.

Yohai, nuestro Segundo hijo nació en 1990. Daniel ya tenía edad para entrar a la educación preescolar pero no queríamos enviarlo a un *gan* (preescolar) público en Netanya. Cuando nos enteramos que había una escuela cerca de Tiberias, le preguntamos a los padres de Dafna si podíamos alquilar su apartamento en Afula, ya que en ese momento ellos estaban en los Estados Unidos.

En las Montañas de Colorado

A ellos no les importó alquilarlo, solo debíamos pagar la renta mínima por ese apartamento en Givat haMoreh.

En esa época teníamos un carro pequeño, así que cada mañana yo llevaba a Daniel hasta una calle para que tomara el bus escolar, me iba a casa, trabajaba en un proyecto y luego volvía a esa calle a la 1 p.m. para recogerlo nuevamente. No era una solución ideal, pero era lo mejor que teníamos en aquel entonces.

CAPÍTULO 26

Regreso a las montañas de Colorado

Al salir de Colorado la primera vez habíamos concluido un negocio con el tío de Dafna, el Tío Max por sus cabañas. Él nos debía algo de dinero al hacer algunas renovaciones en su casa, pero no nos pudo pagar el efectivo así que nos dio una de las cabañas y él se quedó con la cabaña que había sido limpiada. Habíamos regresado a Israel sin mucho dinero, pero teniendo la propiedad de una de las cabañas.
Justo antes que empezara la Guerra del Golfo al final del año 1990, el Tío Max nos llamó para informarnos que estaba vendiendo su cabaña y que debía hacer un nuevo contrato de sociedad con los nuevos propietarios. Dos semanas después, volamos a Toronto para visitar y de allí fuimos a Colorado para cerrar el trato.

Nuestra cabaña requería mucho trabajo así que nos quedamos y empezamos a repararla esperando que luego de haberla arreglado la pareja que había comprado la de Max comprase la de nosotros también. Aunque eso nunca pasó, pero al final nos quedamos en Colorado por tres años más.

Esta vez en Colorado aprendimos a cómo salir y presentar las obras. En cada período de tiempo aprendíamos distintos aspectos del trabajo. Las bases para mi escultura y tallado empezaron en el kibutz. Joe Dampf me enseñó en Toronto, donde empecé a esculpir con arcilla y luego le transfería al tallado de madera. La casa en el norte de Canadá estableció un patrón en cuanto al estilo de vida.

Nuestra primera vez en Colorado me enseñó acerca del tallado de piedra y anatomía además del inicio de mi interés por el bronce. De regreso a Israel empecé a trabajar en el bronce con Dani. De regreso a Colorado por segunda vez nos enseñó a cómo salir y presentar el trabajo.

Ahora iniciábamos una nueva aventura. Empacamos y llevamos a la familia en una van Dodge muy vieja con todo el trabajo terminado y empezamos a visitar las iglesias donde éramos invitados.
Por lo general la invitación ocurría porque éramos artistas o porque éramos de Israel o por la combinación de Israel y el arte.

Esta experiencia nos enseñó cómo mostrar las esculturas y mostrar y vender el trabajo. Al pasar el tiempo, diseñamos mesas y encontramos una manera práctica para meter todo en la van. A menudo debíamos viajar por días antes de llegar al lugar de la exhibición. Convertí la van en un lugar para mini-acampado: la plataforma en la parte trasera se convertía en nuestra cama y detrás del asiento del conductor había dos bancos uno frente al otro con una mesa entre ellos. Cuando terminábamos de comer, a las 7 p.m., se plegaba la mesa, se colocaban colchones sobre ella y poníamos a los niños a dormir. Dafna y yo manejábamos hasta que llegaba la hora de ir hacia la parte de atrás de la van y dormir también.
Durante esta época aprendimos a cómo tratar el público, lo cual en sí es un arte también, especialmente el cómo responderle a una persona cuando alguien mostraba interés en una pieza.

Gradualmente empezamos a usar notas que explicaban lo que yo sentía que el Señor me estaba diciendo mientras creaba una pieza de arte en particular. Esto se convirtió en un punto fuerte y crucial de la presentación de nuestro trabajo.
En esa época empecé a usar moldes aplicando el proceso que había aprendido de Dani. Mis primeras piezas reproducidas se vendieron en exhibiciones de arte. Desde Colorado hicimos varios viajes con la van hasta Vancouver, Canadá y muchos a Carolina del Norte. En la Iglesia de la Gracia logramos varias relaciones especiales con la gente de allí y con su pastor, Art Carlson.

Aunque una pequeña figura de bronce se podía vender en aproximadamente $2.000, sabíamos que la mayoría de las personas que iban a las exhibiciones nunca podrían comprar algo a ese precio.

Así que luego de varios experimentos, logramos desarrollar un método por medio del cual usábamos el mismo molde que se usaba para el bronce para así crear una pieza de arte en piedra de alta calidad, pero a un precio asequible.

En la cabaña de la montaña en Colorado, siempre vivíamos de lo que teníamos. Aunque el Señor nos tenía a menudo en un balance de "0", siempre teníamos suficiente para lo que requeríamos. Afortunadamente yo no tenía problemas vendiendo mis obras de arte.

Replica de la escultura a escala real de la "Intercesión" en la Universidad Central Southern Wesleyan, Carolina del Sur, EE.UU. Jesús en el centro, el estudiante masculino a la derecha representa la educación a través de la teoría; la estudiante femenina representa el aprendizaje a través de la experiencia. Toda educación es vanidad del hambre sino se inclina o depende de la intercesión de Jesús por cada uno de nosotros.

Poco a poco empezamos a ver un patrón: Cada vez que vendía una pieza de mi trabajo, recibía más dinero del que necesitábamos y de pronto ocurrían gastos inesperados para los cuales debíamos usar ese dinero extra.

Ahora estábamos vendiendo el trabajo, pero el Señor aún nos quería mostrar Su provisión. Nuestra cuenta bancaria llegaba a cero lo cual aumentaba nuestras oraciones al Señor. Un día, planeábamos visitar al hermano mayor de Dafna quien vivía en Colorado Springs, quedaba a dos horas de camino de donde vivíamos. Este se había convertido en el "principio de la gasolina" de nuestra vida en el camino. Si sentíamos que el Señor nos decía que debíamos ir a un sitio con el trabajo y teníamos suficiente gasolina confiábamos en él para obtener el combustible para regresar, así que nos dirigimos a Colorado Springs.
Salimos de la casa un poco estresados y nerviosos, preguntándonos dónde obtendríamos el dinero para regresar. Aunque el Señor nos había ayudado muchas veces, incluso en el último momento, igual nos poníamos nerviosos. Nuestro buzón quedaba a dos millas de la casa ya llegando a la vía del condado, así que nos detuvimos a ver si nos había llegado algún correo. Para nuestro asombro, ¡dentro de la carta había un cheque por $1.500 hecho por una persona de Nueva Orleans! Sin conocer quién era la señorita que nos lo había enviado leímos la carta.
"Hace unas semanas yo estaba en una reunión de mujeres en mi iglesia. Conocí a una mujer que había estado en Israel hace un año y había tomado algunas fotos de tus esculturas. Ella tenía esas fotos consigo y me las mostró. Me impresionaron tanto que me dije debo comprar dos. Por favor, acepte este cheque como parte del pago."
Dafna y yo estábamos sorprendidos, hace pocos minutos habíamos estado buscando monedas para pagar la gasolina, pero habíamos decidido confiar en el señor y ahora teníamos en nuestras manos un cheque por $ 1.500. Esta mujer había hecho un trabajo de detective para poder conseguir nuestra dirección en Colorado. Y ese cheque, enviado por una completa extraña, consiguió el camino a nuestra dirección alejada de la vía principal ¡y llegó justo en el momento que más lo necesitábamos!

La pareja que había comprador la cabaña de Max ahora estaba interesada en la nuestra. Y sabíamos que ya era la hora que volviéramos a Israel. Nuestra etapa en Colorado estaba llegando a su fin. Habíamos aprendido mucho pero ya era momento de regresar a casa. ¿Pero en qué lugar viviríamos una vez estando en el país?
Esta decisión se convertiría en un momento sumamente importante y que afectaría el resto de nuestras vidas.

Los padres de Dafna durante ese tiempo que nosotros habíamos vivido en Colorado se habían mudado a un asentamiento al norte de Samaria. Los asentamientos siempre han sido un asunto controversial en Israel. El movimiento de los asentamientos parecía siempre atraer a personalidades extremas, que de cierta forma describían a Joe y Sara, los padres de Dafna. "¡Es peligroso!" les dijimos Dafna y yo cuando nos contaron sobre sus planes de "pioneros". Pensábamos que era una locura, pero nos estábamos enfocando en alistarnos para irnos, el Señor nos mostrará dónde viviremos cuando lleguemos allá.

Al llegar a casa los padres de Dafna nos recogieron en el aeropuerto y nos llevaron a su hogar en Cadim.

"¿Por qué no alquilan un lugar en Cadim?" sugirieron los padres de Dafna. "Los alquileres son baratos aquí y de esa forma tendrán tiempo de buscar un lugar más permanente para vivir en el país."

Yo había estado pensando en vivir en Jerusalén o en Tiberias, esto nos daría algo de tiempo para buscar. Decidimos que Cadim sería un buen lugar para quedarnos – por un corto plazo de tiempo.

CAPÍTULO 27

Intercesión en Samaria

Cadim quedaba a quinientos metros de Jenin, una ciudad palestina de cincuenta mil personas al norte de Samaria, el asentamiento fue creado para tener una presencia judía en el área. Llamados los "territorios ocupados" por algunos y la Ribera Occidental por otros, este corazón bíblico era y continúa siendo una parte controversial de Israel. Localizada en lo alto de una colina al final sureño del Valle de Jezreel, Cadim tenía un total de ciento veinte personas. La idea del gobierno detrás de estos asentamientos era la de crear una presencia judía definitiva cuando esas pequeñas villas se convirtieran en pueblos. Aunque pensábamos que los padres de Dafna estaban algo locos al mudarse allí, mis suegros no veían esto como algo anormal y fueron aceptados por el asentamiento.

Antes de regresar a Israel, le pregunté al Señor sobre el primer lugar al cuál iríamos, el cual sería el lugar donde nos quedaríamos. Pero ya que nuestros dos niños no habían visto a sus abuelos por un largo tiempo, decidimos ir directamente a Cadim. Sería solo por un corto espacio de tiempo y por lo menos la renta tenía un precio razonable. Así que decidimos que nos quedaríamos allí mientras buscábamos un lugar "real" para vivir. Luego de haber vivido siempre en casas alquiladas y sabiendo lo que implicaba mudarse, nunca habríamos considerado estar en Cadim y menos quedarnos allí por largo tiempo. Además, vivir en un asentamiento lleva consigo un estigma ya que los "colonos" eran percibidos como pertenecientes a la extrema derecha, aficionados a las armas y odiosos. No quería que me identificaran como uno de ellos.

Siendo creyentes de Jesús, tratar de comunicar lo que Él significa a través del arte en un país que le costaba entender quién era Él ya era lo suficientemente controversial.

"Vamos a quedarnos en Cadim por unos meses hasta que encontremos el lugar apropiado para vivir," decidimos.

Cadim en Samaria (Shomron)

100

Tuvimos un período de búsqueda de casas. Vimos varios apartamentos en Jerusalén, ninguno nos gustaba. Intentamos en otras áreas, pero nunca sentíamos que era el lugar adecuado. Mientras tanto nuestros niños empezaron hacer amigos en el asentamiento.

El hermano mayor de Dafna, por razones de trabajo, también vivía allá con su familia, así que iba ser algo agradable que los niños tuviesen a sus primos cerca. Debido a que las cosas estaban tomando más tiempo del que esperábamos, decidimos inscribirlos en la escuela.

Yo aún me resistía a la idea de vivir allí, aunque Dafna ya tenía buenas relaciones con las demás mujeres que vivían en Cadim y que nos estábamos adaptando a vivir allí.

Uno de los dormitorios de aquella pequeña casa se convirtió en mi taller. Allí, creamos vitrales que ahora se encuentran en la Iglesia de Cristo en Jerusalén. Mientras vivíamos en Kfar Yona y yo trabajaba como jardinero, conocí un artista que trabajaba con vitrales y me enseñó cómo usar ese material. Esa pequeña habitación que ahora es un estudio se convirtió mi taller de cristales. También enseñé a Dafna cómo usar el cristal y mientras yo hacía los diseños ella cortaba las piezas de cristal. Lo de los vitrales era algo que yo siempre hacía como actividad complementaria pero nunca busqué ejercer de manera activa.

Un día caminaba a casa de mis suegros. Durante la caminata de diez minutos que me tomaba ir desde el final del asentamiento hasta la otra parte, pasé una casa inhabitada. Ya estaba construida y casi terminada en su etapa final lista para ser vendida a una pareja israelí.

"Debes comprar esa casa," el Señor me dijo mientras yo pasaba por allí. Aquel pensamiento, directo y abrupto parecía venir de la nada. Yo me opuse a esa idea, quise olvidarme de eso y seguí caminando.

Pero me seguían viniendo aquellas palabras, "¡quiero que compres esta casa!" Debido a que no me gustaba la idea, traté de ignorarla. Sin embargo, como creyente de Jesús yo tenía que recibir confirmación si ese mensaje venía de Dios o no.

Después de compartir lo que había ocurrido con Dafna, oramos y empecé a ayunar y pedirle al Señor que nos dijera qué debíamos hacer. Comprar una casa tendría muchas consecuencias.

Primero, eso significaba que nos íbamos a convertir en miembros de Cadim, segundo no sería realmente una inversión ya que había posibilidades limitadas de conseguir compradores en caso que quisiéramos vender la propiedad. Nunca habíamos comprado una casa y sabíamos que ciertamente no queríamos vivir en el asentamiento. Aunque estas eran buenas razones, el pensamiento seguía en mi cabeza.

Por experiencia propia sabía que a veces podía estar seguro que una idea era la voluntad del Señor si yo me sentía completamente en contra de ello. Pero esta vez no había sido una idea mía así que probable venía de Dios.

"Haré lo que sea que Tú quieras que yo haga, Señor, pero debo estar seguro que esto es Tu voluntad," le prometí.

Dafna y yo seguíamos orando y ayunando y al igual que Gedeón, sacamos distintas lanas. Mientras agonizábamos en cuanto a tomar la decisión, Dios nos seguía mostrando que eso era lo que Él quería que hiciéramos: "¡Compren la casa!"

"Pero ¿qué hay de esta otra pareja que estaba ya en la última etapa de compra de la casa?" Dios se hizo cargo de ese problema, de manera totalmente inesperada, esta pareja decidió no seguir con la adquisición de la casa y nadie supo más de ellos. La casa estaba disponible en el mercado nuevamente. Por supuesto, los miembros del asentamiento estaban sorprendidos por estos cambios, pero para nosotros era otra confirmación que debíamos comprar la casa.

A pesar de todo esto, aún no estábamos completamente seguros si la idea de comprar esa casa provenía del Señor, así que decidimos decirle al secretario del asentamiento que éramos creyentes de Jesús. Aunque este administrador sabía que no éramos judíos, yo quería que el supiera sobre nuestra fe, así que decidimos vivir en el asentamiento y nadie podía alegar que no les habíamos dicho.

En secreto yo esperaba que él se enfureciera al saber que éramos creyentes y quizás nos dijese que debíamos irnos o que solo podíamos alquilar, pero no vivir permanentemente allí. Cualquiera de esos escenarios me parecía bien en aquel momento.

"Ustedes pueden creer en lo que quieran," él respondió. "Queremos que vivan aquí." Yo me quedé sin palabras.

Sin embargo, Dafna estaba bastante feliz de vivir en el asentamiento, a ella no le afectó la noticia de que nos íbamos a quedar. Después de haber vivido durante un año en Cadim ella no quería que los niños vivieran otra mudanza.

"¿Por qué quieres que nos quedemos aquí, Señor?" oraba yo. Esta es una intercesión, sentí que Él me respondió. Era una palabra que no entendía del todo. Algunos de nuestros amigos se llamaban a sí mismos intercesores y algunos hasta lo incluían en sus tarjetas de presentación. Me contaron sobre las horas incontables de oración que habían estado haciendo debido a ciertos problemas o asuntos, pero yo no me veía a mí mismo haciendo eso. Tu obediencia hacia Mí será un acto de intercesión, sentí que me dijo el Señor.

Eso era algo que yo podía hacer. Sabía que yo podía obedecer y lo que resultara de esa obediencia quedaría en las manos del Señor.
Al pasar los años entendí que la INTERCESIÓN es una oración que está en el corazón del Señor. Si Él nos pide que respondamos a su corazón y nosotros obedecemos, empieza una manifestación de Sus deseos en la tierra. Para mi esa expresión y comunicación se habría de hacer a través de la escultura.

Ahora nos encontrábamos ante otro reto, uno grande, que tenía que ver con las finanzas ya que el Señor nos había dejado claro que no debíamos acumular deudas. A través de los años habíamos sido cuidadosos logramos eso y se había convertido en una parte de nuestras vidas.

"Pero Señor, cuando compremos esta casa, tendremos que tomar una hipoteca y estaremos endeudados," le dije al Señor. "¿Cómo puede ser esta Tu voluntad?"

"Si estás en deuda por obedecerme, solo estarás en deuda conmigo," me respondió el Señor.

Ahora yo estaba muy consternado. Con todo mi corazón yo quería hacer la voluntad de Dios; esa era mi vida. Después de días de lucha, ocurrió que leí la historia de Jesús en el Jardín de Getsemaní. De una forma me podía identificar con el sentimiento pesado que describía esa historia bíblica. Cuando leí, "Si es tu voluntad, quitarme esta copa, Padre, que sea Tu voluntad y no la mía," empecé a llorar y sentí el peso de esas palabras.

En ese entonces también me di cuenta que no sólo se trataba de mí siendo terco, tratando de hacer las cosas a mi manera, sino que había un precio que pagar por mi obediencia. ¿Estaba listo para eso? Me preguntaba y supe que todos nosotros, Dafna y mis niños también, tendríamos que pagar un precio grande. Todo lo que podía hacer era confiar y seguirlo.

En los años posteriores, construimos nuestro estudio para esculpir y para trabajar también con vitrales. Llegamos a conocer a todos los habitantes del asentamiento, cada miembro tenía una personalidad distinta. De manera colectiva e individual, todos aprendimos a lidiar con los peligros que implicaba vivir en Shomron.

Área industrial en Cadim donde tenía mi estudio.

Nuestros niños, Daniel con nueve años y Yohai con cinco tomaban el bus hasta la escuela regional. Es una experiencia tener que acompañar a tus hijos hasta la parada de bus, verlos entrar a un bus a prueba de balas que es a su vez escoltado por un soldado armado, seguido por un jeep con otros soldados armados. A diario nos dábamos cuenta del costo de vivir en Cadim, sin embargo, nos estábamos acostumbrando al peligro que nos rodeaba. Al transcurrir los años, nunca se nos hizo normal el hecho que la gente podía recibir disparos, bombardeos o ataques por parte de nuestros vecinos árabes de las otras comunidades mientras uno manejaba desde o hacia el asentamiento. Sin embargo, siempre era una parte de las posibilidades de la vida allí.

Después de pasar por momentos de lucha y finalmente estar de acuerdo con la voluntad de Dios, sabíamos que podíamos confiar en Él. Saber que Él era responsable por lo que nos pasara nos dio un profundo sentimiento de paz.

A pesar de la cerca y la presencia de los tanques, nos sentíamos seguros en Cadim.

CAPÍTULO 28

La Conferencia de Haifa

Teníamos ya cinco años viviendo en Cadim cuando viajé a Haifa con dos amigos para asistir a una conferencia para hombres que duraba dos días y cuyo enfoque era la oración. En el camino a Haifa, los tres estábamos bromeando y contando historias. Mis dos amigos compartieron la misma habitación mientras que a mí me tocó tener una habitación para mí solo. Durante la cena conocimos los demás participantes, la atmósfera allí era ligera y jovial. No conocía a los dos americanos que habían organizado la conferencia, pero fue genial ver amigos que no había visto en mucho tiempo. Cuando llegó la hora de la primera reunión, era algo extraño tener que caminar hacia una pequeña capilla que estaba iluminada solo por algunas velas. Eso creaba una atmósfera misteriosa la cual era más seria que el humor en el cual me sentía yo en ese momento.

"Por favor, tome asiento." Los organizadores señalaban las sillas que estaban colocadas en el perímetro de la habitación. En el centro había una pequeña mesa con los elementos de una comunión, pan y vino iluminados por unas velas – era algo muy sencillo.

"Por favor, prepárense espiritualmente antes de participar," dijo el líder. "Cuando sientan que están listos, pueden venir y orando pueden tomar los elementos."

Siendo yo un creyente durante muchos años, había hecho la comunión cientos de veces de maneras muy distintas y en lugares diversos. Esta vez era distinta, pero no del todo. La habitación se quedó en silencio mientras todos reflexionaban en su corazón antes de continuar.

Mis amigos y yo habíamos estado bromeando que me costaba mucho estar serio y tomar un momento de introspección. De una forma u otra logré examinar mi corazón, me levanté y tomé el pan y el vino. No fue de una manera casual, pero tampoco era algo que hice con sentimientos profundos.

Le agradecí al Señor, lo recordé, tomé el pan y el vino y quería regresar a mi silla. "Arrodíllate," sentí que el Señor me decía. En aquella habitación con poca luz solo había hombres orando solos. Aunque pensé que sería algo extremo, yo obedecí esperando que esto no llamara tanto la atención de los demás. Sin embargo, apenas estaba arrodillado sentí la voz del Señor diciéndome, "¡Acuéstate con tu cara en el piso!"

No me gustaba eso y luché contra la idea, pero decidí que sería mejor obedecer y esperaba que eso no me tomase mucho tiempo. Al darme cuenta de la seriedad de la situación, empecé a llorar apenas toqué el piso.

Al principio lloraba suavemente pero luego aumentó la intensidad de mi llanto. Era como si había sido clavado en el suelo por un peso grande. Sin poder levantarme solo lloraba y lloraba. ¿Qué ocurre, Señor? Lloraba internamente. Ahora ya no me importaba sentir vergüenza y sentí que Dios mismo me tenía en contra de ese piso. ¿Qué es esto Señor? ¿Qué quieres? Oraba yo. Luego de manera repentina sentí que Él dijo, ¿Serías capaz de dar la vida de Daniel por la salvación de Yakov?

Yakov, quien era el administrador del asentamiento, era un hombre difícil de trato. Así que luchaba con esta idea. ¡No! No puedo. ¿Mi hijo Yakov? ¡No lo haré! ¡No puedes obligarme, Señor! No puedes pedirme hacer esto. ¿No he dado lo suficiente de mí? Era algo tan difícil. No creo que haya vivido algo tan difícil como esa petición. Aunque lo intenté no podía levantarme del piso. Me sentía roto, acabado, agotado. Lloré por un largo rato y continuaba luchando contra esta petición de Dios.

Finalmente, cedí. Señor, no puedo hacerlo, pero tengo la intención de seguir tu voluntad, SI tú me ayudas. En el justo momento que dije esas palabras en oración, sentí que un gran peso se levantó. Aunque me sentía exhausto, yo estaba en paz y al mismo tiempo me preguntaba qué había hecho. ¿Qué significará todo esto? Empecé a llorar de nuevo. Sin ver a mis amigos, luché para ponerme de pie y fui hacia mi habitación donde la batalla entre mis emociones y mis preguntas continuó hasta que me quedé dormido de tanto cansancio.

No entendía qué había pasado, sólo que tuve un encuentro con el Señor. Lo que me ocurrió en aquella capilla era tanto aterrador como intrigante. Ciertamente, nunca iba olvidar esa experiencia y confié en Dios para que me lo aclarase en su tiempo justo.

La vida continuaba en Cadim.
La escultura parecía ser nuestra forma de oración, nuestra intercesión. En general, nuestra vida tenía un cierto ritmo, pero en ese momento había rumores de un posible cambio de lugar. Las concesiones que Israel había hecho a los palestinos por la paz significaban que tendríamos que irnos de Cadim.

Ya teníamos siete años viviendo en el asentamiento y un día entré al estudio como usualmente lo hacía. Era una hermosa mañana. Caminaba bajando por la colina hacia el área industrial, pensando en las cosas que tenía que hacer ese día, algunos de los planes que tenía y otras cosas triviales, disfrutaba la hermosa vista del Valle de Jezreel. De repente el Señor me interrumpió en mis pensamientos con un mensaje, "La intercesión ha terminado. ¡Está hecha!"

Había llegado así de la nada el mensaje, tan repentino, me sentí conmovido. ¿Qué significa esto? Me preguntaba. En primer lugar, yo no estaba muy seguro de lo que significaba e implicaba la intercesión, por lo tanto ¿Qué significaba el hecho que había terminado? Todo empezó cuando compramos la casa y nos mudamos al asentamiento, Señor, ¿Significa esto que ahora debemos irnos?
No había respuesta ante esto, solo silencio.
Ese día en particular yo estaba tan ocupado que no tuve tiempo de pensar acerca de ese encuentro.

El siguiente día parecía empezar como cualquier otro día. Mientras caminaba hacia el estudio, tenía muchos pensamientos en mi cabeza.
        "¡Ahora puedes orar por la salvación de Israel!"
Me detuve, pensando ¿De dónde vendría eso? "¡Ahora puedes orar por la salvación de Israel!"
¿Qué significa eso? Me sentí consternado. ¡Era una gran tarea!

Pero le pregunté al Señor, ¿No es eso lo que he estado haciendo todos estos días? La salvación de Israel había sido uno de los enfoques principales de mis oraciones, Señor. Espero que todo lo que has hecho Señor funcione para lograr eso.
De nuevo solo había silencio, Dios no me dio más pistas en este reto. Yo confiaba en que Él me mostraría el significado de todo esto.

Al pasar los años he leído varios libros acerca de la intercesión, pero el que tuvo un mayor impacto en mí fue el de Rees Howells: Intercesor, el cual me mostró los "actos" de la intercesión, los cuales tenían un inicio marcado al igual que un final una vez que ya se habían completado.

Los actos que se mencionaban en el libro empezaban con un acto de obediencia, una respuesta que por lo general era algo difícil. Algo debía morir en el carácter de la persona involucrada, algo que la persona era o algo que la persona deseaba y algunas veces los planes personales tenían que ser sacrificados para obedecer el llamado del Señor a una intercesión. Dafna y yo habíamos empezado a ver un patrón en nuestras vidas respecto al trabajo en el arte, especialmente en la escultura. A menudo parecía que el Señor nos comunicaba algo que nosotros llamábamos un "repentino" lo cual nos motivaba a buscar en SU corazón. La mayoría del tiempo esto nos llevaba a crear una escultura que de cierta manera reflejara una palabra específica o comunicación. El proceso creativo era nuestra intercesión, cuando terminábamos una pieza eso era una palabra profética, en el sentido que esperábamos que la escultura comunicara lo que había en el corazón de Dios y su palabra. Con esto en mente, sabía que el señor me aclararía lo que Él quería decir y volví a mi trabajo diario. Nada más parecía ocurrir después de eso.

CAPÍTULO 29

La palabra "restitución"

Habíamos sido amigos de Graham Cooke por una cantidad de años y en el año 2001 él me invitó a una conferencia en Southampton donde él daría una ponencia. Graham había comprado una buena cantidad de nuestras esculturas pequeñas y me había invitado con frecuencia a conferencias en su iglesia local en Inglaterra. Esta vez estaba yo tan agobiado de trabajo que no podía pensar en ir. Después de orar por ello, una mañana el Señor me dijo, "¡VE!", al principio me resistí a la idea, pero mientras más me opuse más presión espiritual sentía. Finalmente cedí y empecé arreglar todo para ir a Inglaterra.

"Restitución" – qué nombre tan extraño para una conferencia, pensé. Y el tiempo en que ocurría la conferencia era justo cuando celebramos Purim en Israel. Esta celebración trata de la historia de Ester y la salvación de los judíos. Sabía que Graham no había conectado la conferencia con esa celebración, pero aun así consideré eso como un hecho interesante.

Al llegar a Southampton el primer día de la conferencia, me sentí sorprendido y conmovido al ver que Graham exhibió todas las piezas de arte que nos había comprado a través de los años "Espero que esto genere más pedidos para ti," me dijo.

Ese jueves en la noche el enfoque principal era la alabanza. Conocía a la banda de alabanza muy bien, así que ya deseaba que llegase esa noche. La noche de alabanza empezó, la música parecía envolverme. Estaba sorprendido porque la música se puso intensa y profunda muy rápido. Al ver la banda, noté a una mujer tocando el violín, nunca antes la había visto. La música estaba a un volumen muy alto y pensé qué bien que hay un violín, pero ¿Quién podría escucharlo? Ese fue un momento de distracción que se disipó con la música. Cerré mis ojos y me dejé llevar por la alabanza.

Disfruté ese sentimiento de la presencia del Señor, experimenté esa paz, ese lugar de tranquilidad dentro de mí mismo. De pronto se detuvo la música. Graham tomó el micrófono y dijo, "Este es el año de 'restitución', este es un año de gracia y favor sin precedentes, este es el año en que el Señor te va restituir todo lo que te ha sido arrebatado, todo lo que el enemigo te haya quitado, todas las langostas que te hayan quitado serán regresadas." Él dijo estas palabras con autoridad a las trecientas o cuatrocientas personas que estaban en aquel salón esa noche. Debe haber personas que han tenido pasados llenos de abusos, pensé, y el Señor va sanar esas heridas. Eran buenas palabras, pero no eran para mí. La banda siguió tocando así que me senté y disfruté la música, aun así, la atmósfera había cambiado.

El segundo día de la conferencia Graham me invitó a subir y decir algunas palabras. Creo que él quería que la gente viera que yo era el artista que hacía esas esculturas, en caso que alguien quisiera ordenar. Esa sesión en la noche empezó con otro estallido de música y de nuevo me sentí como yendo hacia un lugar yo con el Señor, Su presencia casi tangible me puso alerta. Mientras la música aumentaba, Graham tomó el micrófono y repitió las mismas palabras que había dicho el día anterior.

"Este es el año de 'restitución', este es un año de gracia y favor sin precedentes..."
Esto me molestó ya que estaba disfrutando de la alabanza y una vez más él la había interrumpido. Graham, es el mismo público de ayer el que está aquí, pensé de manera egoísta. Ya dijiste estas cosas anoche. ¿Por qué repetir el mismo mensaje?

Me distraje y no escuché a Graham hasta que cambió el mensaje, cambió algo que realmente me hizo ponerle mucha atención especialmente las siguientes palabras.
"¡Esto no es para ti solamente sino para las personas que están conectadas a ti!"

Nunca podré explicar esto de manera adecuada, pero en ese momento que Graham dijo "¡Esto es para las personas que están conectadas a ti!" sentí como si el Señor me estaba hablando directamente a mí. Sin advertencia empecé a sentir como si no podía respirar, así como si me habían golpeado en el estómago, sentí como si ya no había aire en ese lugar y empecé a llorar.

Sin poder ponerme de pie, me senté acurrucado sobre la silla y empecé a llorar sin control. En ese momento de lucha le pregunté al Señor, "¿Qué es esto? ¿Qué ocurre?" sentí que el señor me habló, "¡La restitución al pueblo judío es por seis millones!"

Mi mente aún estaba dando vueltas, no entendía bien, pero debido a ese número supuse que tendría algo que ver con el Holocausto. ¿El Holocausto? No entiendo. Señor, no entiendo lo que me pasa ahora, pero ¿Por qué el Holocausto?

Sentí que el Señor me hablaba de nuevo, voy a llevar al Reino seis millones por lo que fue arrebatado a ellos en el Holocausto. Esto me sacudió, no entendía lo que se me había comunicado, o lo que me había ocurrido. Sin embargo, yo sabía que era Él.

Poco a poco me recompuse. Mi cabeza estaba llena de preguntas sin respuestas. Saber que esto provenía de Dios, me aterrorizó de gran manera. La música había empezado a sonar de nuevo pero esta vez parecía distante. Traté de descansar algo, pero no tenía pista de lo que Él quería decir o cómo el Señor haría lo que dijo. ¡Seis millones! Esos números eran muy grandes para mí; no podía comprenderlo. Cuando empecé a calmarme, pensé, ¿Qué quieres de mí con estas palabras? No puedo comprender, no puedo entenderlo.

Incapaz de negar que se trataba del Señor, tuve que guardar esto en una especie de escudo interno para examinarlo después. Justo en ese momento, necesitaba descansar y hacer un esfuerzo por recomponerme. Durante el resto de la noche me estuve preguntando por qué esas últimas palabras de Graham me habían causado una reacción tan poderosa en mí. Me habían conmovido en cuanto a mi relación de casi veinticinco años con el pueblo judío y su tierra.

El Holocausto y el nacimiento de Israel habían sido parte de mi vida desde mis inicios en el camino del Señor. Incluso antes que le entregara mi vida al Señor, esos temas me conmovían tanto que me hacían llorar. Esta noche, el Señor había tocado esta base, así como si deseaba construir algo sobre ella. ¿Pero qué? No quería pensar en ello. El Holocausto era un lugar donde ibas con preguntas para las cuales nunca ibas a recibir respuestas. Sería más fácil mantenerse claros y no ir de ninguna manera en esa dirección. ¿Sería esto el inicio de una nueva escultura? Me preguntaba.

Situaciones similares habían sido usadas por el Señor para llamarme la atención y en respuesta había hecho algunas esculturas, pero la persuasión nunca había sido tan intensa como lo era en esta ocasión. Parecía algo sagrado, intocable y necesitaba algo de distancia. Debes explicarme más, le dije al Señor, pero no estaba seguro cómo yo procesaría si me revelara ese "más" que yo pedía. ¿Necesito realmente esta confirmación?

Esa noche me fui a dormir con mi pregunta aún en mente, pero dormí bien. El siguiente día estaba lleno de actividades por la conferencia, pero yo no estaba realmente allí del todo. Mis pensamientos me llevaban a un mundo lleno de preguntas, ¿"restitución", seis millones, el reino? Me sentí bien pero desconectado y no quise hablar con nadie solo quería estar solo con mis cuestionamientos.

En el almuerzo, mientras esperaba conseguir un lugar tranquilo afuera para comer solo, la violinista me emboscó en el vestíbulo. Ella me atrapó justo cuando intentaba salir. "¿Eres el escultor de Israel que dijo unas palabras ayer?" me preguntó.
Cuando le respondí que sí, de mala gana, ella me dijo que quería hacerme más preguntas.
        "¿Te gustaría invitarme a tomar un café?"
Aunque quería decir que "no", de alguna forma le dije que aceptaba la invitación.

Ruth Fazal era su nombre, una violinista profesional que vivía y trabajaba en Toronto. Empezó a contar su historia sobre cómo el Señor la había impulsado al proceso creativo de escribir un oratorio. Yo no sabía lo que era un oratorio, pero sabía que era algo relacionado con la música y pensé que aprendería algo más mientras le escuchaba. Cuando Ruth explicó que ésta pieza musical estaba basada en la poesía de niños judíos del Holocausto allí captó toda mi atención. Me fascinó su historia y cómo su proceso creativo a través de la música había tocado ese lugar de memorias terribles. Me fascinó, pero también me asustó escuchar esa historia ahora, justo la mañana siguiente a la que recibí estas palabras fuertes y confusas del Señor. No quise decirle lo que me había pasado ya que no quería hablarlo aún, así que solo la escuché. Cuando Ruth se enteró que Dafna, los niños y yo íbamos a estar en Toronto para visitar a mis padres, ella sugirió que nos encontrásemos en Toronto dentro de tres meses. Al mismo tiempo yo tenía que instalar una gran escultura de bronce en una universidad al norte de Indiana. Luego parecía una coincidencia que el tema de esa pieza era Jesús pasando por los dolores en el jardín de Getsemaní. Gradualmente pude entender el significado del tiempo de Dios.

Tres meses después, cuando nos encontramos en Toronto, nuevamente para tomar café, Ruth nos contó sobre cómo continuaba su trabajo en el oratorio. Fue agradable conocerla un poco más así que le contamos acerca de nuestra agenda y planes.

"Dafna y yo estaremos en Carolina del Norte para empezar una nueva pieza de escultura y luego regresar a Israel," le dijimos.

"¡Y yo estaré dando una conferencia en Carolina del Sur al mismo tiempo!" dijo emocionada Ruth.

Decidimos encontrarnos nuevamente allí.

CAPÍTULO 30

Las Siete Últimas Palabras

A mitad de verano de 2001, me tomó cuatro horas conducir hasta la conferencia en Carolina del Sur para encontrarme con Ruth. Ya que Dafna no había podido ir conmigo, planifiqué quedarme solo una noche. La conferencia era organizada por Ruth Fazal y un hombre llamado Gary Wiens de Kansas City a quién conocí más tarde en ese día junto con unos músicos.

El día siguiente, durante un descanso entre sesiones, alguien me dijo que debía quedarme una noche más ya que Ruth y Gary harían lo de las "siete últimas palabras" juntos.

"¿Qué es eso?" pregunté yo.

"Es un poema basado en las siete últimas palabras de Jesús en la cruz," me explicaron. "Ruth y Gary lo han interpretado en distintas conferencias. El poema está hecho desde la perspectiva de Juan ya que él fue el único discípulo que se quedó durante la crucifixión." Decidí quedarme y manejar tarde hacia Carolina del Norte sin tener idea de lo que me esperaba.

La narración del poema por parte de Gary acompañado de la música melodiosa del violín de Ruth, era algo poderoso, lleno de emociones y que cambiaba realidades.

Sentí el dolor de John al ver y escuchar a su mejor amigo luchar y hablar esas últimas palabras al mismo tiempo que lo veía sufrir en esa cruz. Evocaba muchas imágenes visuales en mí y sentía como si estaba allí con ellos. Cada palabra que se decía, tenía su carga de drama y era seguida por la respuesta de Juan. Embelesado, escuché por la recitación que duró una hora. Después de esto tomando café, Gary y Ruth me preguntaron qué pensaba acerca del poema.

"No tengo palabras para ello." No tengo palabras, solo imágenes flotando en mi mente, chocando entre sí. Debía separarlas.
Así que, durante el viaje de cuatro horas de vuelta a nuestro lugar, hice varios bosquejos en mi cabeza. Estaba seguro que debía lograr hacer algo con ellos.

¿Un dibujo? ¿Una escultura? ¿Pero cómo iba comunicar estas palabras acerca de la crucifixión a través de una figura? Era ya tarde cuando regresé a casa, pero tomando mi cuaderno de dibujo, dibuje rápidamente figuras básicas para por lo menos así tener un recordatorio visual de lo que había visto. Durante las dos semanas siguientes pasé mucho tiempo viendo esos dibujos que para aquel entonces ya se habían convertido en siete escenas de crucifixión y colocadas unas frente a las otras había siete figuras en distintas poses relacionándose a cada una de las palabras. Luché para lograr captarlo bien ya que, aunque la crucifixión debía ser vista como un todo, al mismo tiempo estaba dividida en siete partes.

Una noche hice un bosquejo de siete paneles y los dividí con pilares de piedras. De repente sentí que el Señor apareció en medio de mis bosquejos. ¿Qué representan esas piedras que están apiladas unas sobre otras? Me preguntó. Esto pareció abrupto, pero inmediatamente pensé en el pueblo de Israel entrando a su tierra luego de cruzar el Jordán y los sacerdotes apilando piedras unas sobre otras. Un monumento era la palabra que se me vino a la mente. En el momento que me llegó este pensamiento, empecé a experimentar las emociones de la palabra "restitución". No estaba preparado para esto, pero el Señor habló y dijo, cuenta cuántos pilares de piedra has hecho. Había seis.
Desde que la palabra "restitución" había llegado a mi vida seis o siete meses antes, el Señor no la había vuelto a mencionar.

Sinceramente esperaba que se quedase de esa manera, pero las divisiones de piedra traían los recuerdos, incluso la emoción poderosa que me causaba en aquel momento. Eso me causó alarma. ¿Un monumento para seis millones? ¡No puede ser algo relacionado a las siete últimas palabras de la crucifixión! ¡No puedo juntar la crucifixión y el Holocausto en una obra!

Yo casi grité internamente, exclamé: "¡No puedes juntas esas dos cosas y esperar seguir con vida, en Israel!"

La mayoría de los israelíes dirían que fue la crucifixión una de las causas que ocasionaron el Holocausto. La nueva revelación del monumento a los seis millones se mantuvo en mi mente por varios días y yo no sabía qué hacer con aquello.
Después de dedicarle mi vida al Señor, le había dicho que, si Él me decía lo que era su voluntad, yo respondería y haría lo que Él quisiera. En ese periodo de mi vida parecía lo apropiado y de corazón cada palabra la dije con compromiso. Esta vez, sin embargo, tendría que pagar un alto precio por lo que el Señor parecía estar pidiéndome.

Empecé a buscar las últimas siete palabras, reflexioné sobre sus significados:

> *"Padre perdónalos porque no saben lo que hacen."*
> *"Hoy estarás conmigo en el paraíso."*
> *"Madre he aquí tu hijo, hijo he aquí tu madre."*
> *"¿Dios mío por qué me has abandonado?"*
> *"Tengo sed."*
> *"Es el fin."*

Y finalmente *"En tus manos encomiendo mi espíritu"*

Cada una tenía un misterio, una profundidad. Cada una era una puerta que me invitaba a entrar.

Sentía simpatía por el discípulo Juan, me preguntaba cómo podría representarlo. Cómo un hombre judío usando una camiseta y pantalones, ¿Una versión moderna del discípulo? El monumento a los seis millones de judíos asesinados representados por los seis pilares sería algo entre el Señor y yo reflexionaba, tratando de mantener oculto el significado. Al ver la obra, nadie la vincularía con el Holocausto.

Satisfecho por esta solución tomé mi cuaderno de dibujo y empecé a expandir mis bosquejos iniciales. Quizás también debería incluir agua en esto, pensé. Agua fluyendo de la superficie de los paneles de la crucifixión.

Habíamos estado en contacto con Ruth y ella sabía que yo estaba trabajando en un proyecto que tenía que ver con el poema. Durante la conversación telefónica le comenté sobre incorporar esta idea de "La Fuente".

Me interrumpió diciendo "¡Espera un momento!" pocos minutos después retomó la llamada y me comentó ,"Este es un versículo que el Señor me dio cuando empecé a escribir el oratorio es de Jeremías nueve." Y citó: ***"¡Cómo quisiera yo que mi cabeza fuera un mar, y mis ojos un manantial de lágrimas! ¡Así podría llorar día y noche por los muertos de la hija de mi pueblo!"***

Profundamente conmovido, también impresionado, comprendiendo que la idea de agregar agua a esta obra estaba conectada con las lágrimas derramadas por la matanza del pueblo de Israel. Sin saberlo, Ruth le había dado un nombre a la obra.

Ahora también yo entendí el significado detrás de ella: era una intercesión por los asesinados, una remembranza de ellos. Quería mantener al Holocausto a una distancia prudencial de la crucifixión, pero el Señor no me lo permitía.

Había llegado el momento de tomar el siguiente paso.

Prólogo – Ante Tus pies
Ante Tus pies, oh Cordero de Dios,
Tomo mi lugar.
Respiro Tu nombre
Las lágrimas en su silente elocuencia declaran mis gracias.
Tu rostro destruido anuncia la sanación para esta imagen rota,
Grita Tu pasión, declara Tu amor...

...
Tomo Tu mano
Porque me las has extendido desde la cruz.
Cómo podría no seguirte a Ti, quien eres mi alegría, mi Vida misma.
Tu precioso amor ha ganado el día,
Y me ha acercado a ti.

Epílogo – La mañana
Llegó la mañana,
Y una vez más estoy ante Tus pies.
Tus ojos, están vivos con un fuego que nunca he visto, se fijan en
mí de nuevo,
Y lo sé.
...
Me volteé para irme y allí Te quedaste,
Y tomaste mi mano, y me llamaste, me acercaste.
Tu corazón latiendo contra mi mejilla hizo derramar las lágrimas,
Una vez más tome mi lugar en el que Tú vives, dentro del corazón.
Y así llegó la mañana y una vez más me encontré ante Tus pies.
Tus ojos vivos con un fuego que nunca había visto, se fijan en mí
de nuevo,
Y ahora yo sé.
Yo sé.

CAPÍTULO 31

Un Encargo Celestial

Para entonces ya había recibido suficientes confirmaciones y había decidido hacer modelos con escala de uno a seis, cada uno representando a Juan. El modelo a escala de figuras de 12 pulgadas (aproximadamente 30 cm) estarían frente a un muro de paneles de crucifixión de nueve pies (aproximadamente 3 metros) de largo y dos pies (60 cm) de alto. Para la figura de Juan, usé imágenes que había tomado de la cara de un amigo judío, con su consentimiento por supuesto. Tenía la cara ideal para Juan, cálida, simpática, con algo de calvicie y con cabello rizado.

Para crear una escultura, siempre empiezo por la construcción de una estructura de alambre que funciona como un esqueleto para soporte de la arcilla. Incluso una armadura de cables comunica algo a través del lenguaje corporal, en este caso me dio la dirección básica para la figura mientras respondía a cada una de las siete palabras. Después que se le aplicó la masa corporal junto con la arcilla, la figura se volvió más detallada, aunque básica. Al dejar la cabeza calva, decidí dejar el cabello para el final y trabajé sin pausa en las fases iniciales de cada una de las poses de los modelos y sus expresiones corporales correspondientes.

Ya tenía una cierta idea en mente para el primer panel de "padre perdónalos porque no saben lo que hacen". En ese momento empecé a trabajar en los detalles del cabello del modelo, la expresión facial y las manos. Mientras llegaba a esta etapa de la escultura, sentí la seriedad de trabajar en esas partes ya que expresan la mayoría de lo que se puede comunicar. Uno puede romper o transmitir el mensaje emocional. Las manos estaban ya bien hechas, la cara estaba igualmente en buenas condiciones y ahora tocaba dedicarme a la parte sencilla que le daría la distinción – el cabello. Sin embargo, en el momento que agregué el cabello, no lucía bien, así que lo removí quitando una parte de la arcilla.

Intenté colocar el cabello nuevamente, ahora sí lucía bien, pero, aunque las proporciones de la cara y de la cabeza eran las correctas, de alguna forma el cabello no hacía juego con la cara. Así que lo quité una y otra vez hasta que me detuve. A través de los años, modelando cientos de figuras, a un punto y otro siempre luchaba por lograr que la cabeza y la cara estuviesen bien hechas. Pero esta vez era distinto, lo que causaba problemas era el cabello.
Crear un modelo nunca se me había hecho tan difícil.

Después de mi enésimo fallido intento me frustré tanto que decidí dejar la figura como estaba y seguí trabajando en el siguiente panel "Hoy estarás conmigo en el paraíso".

No hubo problemas con la parte inicial de la escultura. Incluso en su forma básica podía sentir la palabra que me conmovía y disfruté mucho trabajando en ello. Pero entonces llegué al momento en que debía colocarle cabello a la figura, pero no lograba hacerlo bien.
Todo lo demás parecía estar en su lugar, ¿Ahora qué ocurre con el cabello? Me pregunté.
Decidí dejar calva la figura así que seguí con la siguiente hasta que ya todas las esculturas que representaban a Juan estaban listas. Pero todas estaban calvas. No lo entendía, ya que todos esos modelos de arcilla parecían expresar lo que yo había sentido durante el recital del poema. ¿Cómo podía sentir que algo estaba bien y mal al mismo tiempo?
Quizás tiene que ver con lo que estoy pasando, pensé y decidí seguir a la siguiente etapa – hacer los moldes. Esta etapa es donde yo vacío la figura en cera y así se deja lista para el vaciado en bronce. Ya que aún podía hacer cambios en la escultura, decidí dejar el cabello para después.

Pero luego, debía terminar las esculturas para seguir y aún no podía colocarles cabello a las figuras. Totalmente frustrado oré, "Señor, ¿Qué es esto? ¡No entiendo!"
¿Cuál es la identificación más visible de los hombres y mujeres en los campos de concentración? Parecía preguntarme el Señor.

Inmediatamente lo supe: ¡Sus cabezas estaban rasuradas! Volví mentalmente al momento en que había recibido la palabra "restitución". Aunque no quería volver a ese momento, no tuve elección. Una ola de emociones me arrastró y empecé a sollozar. Era como si estaba sintiendo lo que Dios sentía respecto a esa situación. Era algo difícil, muy conmovedor. Me asustó un poco.

"¡Cuando continúe trabajando en este proyecto no tendré donde escapar!"
Eso lo sabía. Si este modelo de Juan se convierte en una persona de un campo de concentración no solo tendría su cabeza rapada, sino que debería estar vestida en ropas con rayas como uniforme de prisión, todos sabrán inmediatamente que esto es el Holocausto. Pero el Señor me había hablado y yo había prometido obedecerle. Me sentí miserable.

De cierta forma, por días me entristecía esta revelación ya que había cambiado todo lo que yo deseaba hacer. Aunque el enfoque había sido el poema de las siete últimas palabras de Jesús y la respuesta de Juan, ahora era la respuesta del Holocausto a las siete últimas palabras. Puedo perder a todos mis amigos israelíes, pensé, saben que soy un creyente de Jesús y ellos respetan eso, pero me dirán que me he excedido y no querrán saber más nunca de mí. Ese pensamiento me resultaba algo muy difícil y me tomó mucho tiempo decir, "Está bien Señor. Que se haga tu voluntad," y obedecí sus órdenes.

De pronto entendí cómo Juan debió haberse sentido mientras estaba parado allí a los pies de Jesús – él y yo amábamos al mismo Señor. De mi propia y modesta manera, yo podía identificarme con las palabras del poema que eran expresadas como un amigo cercano y seguidor de Jesús. ¿Pero el Holocausto? ¿Cómo podría saber los sentimientos del Holocausto? ¿Cómo podría una figura que representa al Holocausto reaccionar ante las palabras dichas durante la crucifixión? La crucifixión de Jesús representaba lo que los judíos percibían como una fuente de odio hacia ellos.

Mi petición final al Señor fue, "¿Cómo creo un monumento de algo sobre lo cual no tengo memoria?" Soy un gentil, no hay nadie en mi familia que sea judío, ¡Nadie que haya vivido los horrores del Holocausto! Debo tener un punto de partida, ¡Algo en mi memoria para poder sacar inspiración!

Agregando a mi suplica agregué, "Soy canadiense, ni siquiera tengo una memoria nacional. ¡Si hubiese nacido en Francia o en Holanda por lo menos tendría una memoria nacional!"
Al pensar en mis palabras, todo tenía sentido y me sentí justificado en mi pensar. Ese era un argumento como para ganar. En mi momento de satisfacción el Señor irrumpió con cuatro simples palabras "¡Yo sí tengo memoria!" y luego agregó, tengo memoria de cada niño, cada hombre, cada mujer, cada vagón de tren, cada cámara de gas, ¡Crearás a partir de mi memoria no de la tuya!

Al haber llegado a mi límite de resistencia, acepté lo que Su corazón me dijo.

CAPÍTULO 32

Esculpir y Meditar

En la primavera de 2003, después de haber hecho muchos dibujos y modelos, empecé las preparaciones para los siete paneles de tamaño completo que representarían las últimas siete palabras que Jesús dijo en la cruz. Los paneles serían de seis pies de ancho y doce metros de alto (aproximadamente dos de ancho por cuatro metros de alto). Mi estudio en el asentamiento no era grande, pero logré colocar los cuatro marcos en el piso de mi ya ajustado lugar de trabajo de tal manera que pudiese trabajar en ellos y verlos a la vez.

Durante el tiempo que estuve esculpiendo la escultura para cada una de las palabras, meditaba y pensaba al respecto. ¿Cómo puedo yo expresar esta palabra en Su cara y al mismo tiempo transmitir ese dolor inimaginable que sintió? Me preguntaba. ¿Se olvidó Él por un momento mientras hablaba del dolor o el dolor y las palabras eran elementos inseparables? ¿El dolor proporcionaba fuerza o autoridad a las palabras? En el muro estoy creando algo, pero ¿cómo logro que Sus manos comuniquen a través de mí? Los clavos limitan el movimiento, pero no en su totalidad.

Esculpir estos paneles se convirtió en mi manera interna de meditación y al orar se convirtió en Su manera visual de comunicación. Yo sentí en mi corazón que no debía haber una impresión de la cruz en los paneles de la crucifixión. Históricamente hablando, este símbolo ha tenido asociaciones muy negativas para el pueblo judío y sentí que el enfoque debía estar en la crucifixión y no en la cruz en sí. La figura representando al Señor crucificado emergía desde el muro hecho con roca con mucha textura de Jerusalén la cual tiene en sí una textura distintiva. La figura estaba dispuesta en una parte del muro de tal manera que las líneas de los bloques pasaran justo a través del cuerpo.

Debido a que la figura crucificada está tan profundamente inmersa en las piedras, da la impresión que está dividida en dos.

De la misma manera, las figuras que representan el holocausto se convirtieron en una meditación. Empecé a descubrir que las posiciones
corporales creadas para la figura que representaba a Juan funcionaron
para comunicar el lenguaje corporal de las figuras del Holocausto.
El Señor sabía desde el principio lo que dirían estas figuras. Nos tomó
años entender las capas de comunicación que hay en cada una de las
esculturas del Holocausto.

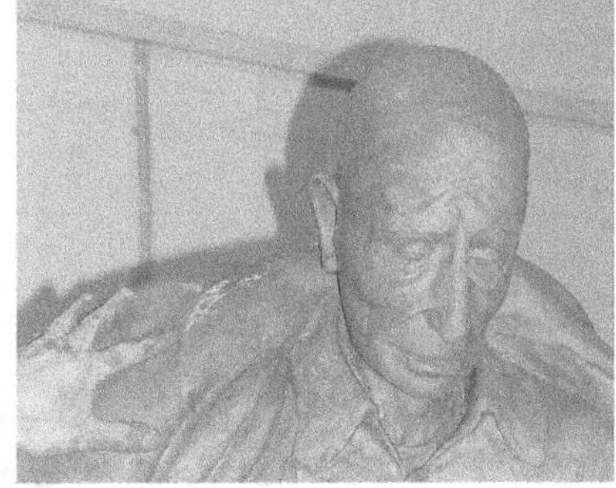

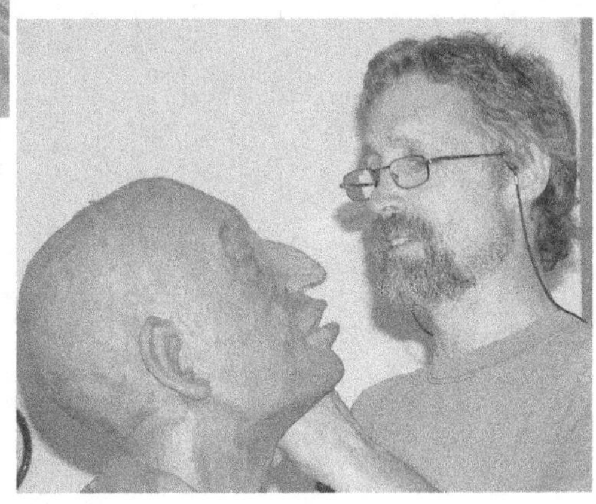

ABELS GESICHTER · I VOLTI DI ABELE

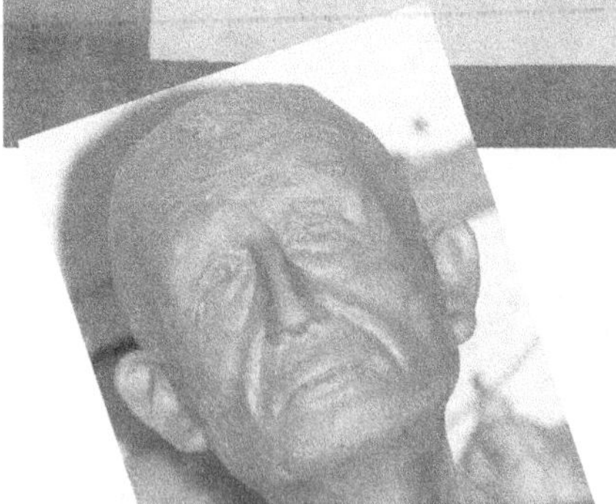

Capítulo 33

Encuentro con el modelo del Holocausto

Debido a que la imagen había cambiado de inicialmente ser Juan el discípulo, a ser una persona representando el Holocausto, tenía que encontrar un nuevo modelo. Yad Vashem, el museo conmemorativo del Holocausto en Jerusalén, tiene un extenso archivo fotográfico con un aproximado de medio millón de fotos digitales. Algunas fueron donadas de álbumes personas y otras fueron tomadas por soldados aliados, nazis o el ejército ruso.

Durante dos horas y media estuve en la computadora buscando una cara específica que pudiese simbolizar o ser un modelo para la figura del Holocausto en este trabajo. Era muy difícil ver todas esas imágenes porque me sumergían en un mundo de oscuridad y dolor que yo solo conocía superficialmente.

De pronto una cara apareció en la pantalla. Tomada desde la cadera hacia arriba, la foto de un hombre muy delgado, con una manta envuelta en sus hombros, me miró directamente a los ojos esta imagen. Su cara lucía terriblemente triste, desgastada y arrugada, y él lucía muy agotado. Pero sus ojos me conmovieron profundamente. A pesar de su agotamiento, parecía notar un rayo de luz en sus ojos y podía imaginar que él hubiese podido contarme muchas historias. ¡Es él! Sabía que ya había encontrado mi modelo.

El trabajador del Yad Vashem me hizo una copia de la foto para llevármela, pero no me podía dar ningún tipo de información ni su nombre, de dónde era o qué edad tenía.

Durante los siguientes nueves meses, mientras creaba las respuestas del Holocausto a las siete últimas palabras, empecé a conocer la cara detrás de la foto. Traté de sacarlo de esa página, hacerlo tridimensional. Cada una de las siete figuras del Holocausto fue esculpida con esa imagen fotocopiada muy cerca de mí. Cada respuesta requería otra pose y una expresión facial distinta.

Creé sus expresiones adivinando la forma en que sus líneas de expresión cambiarían cuando llorase o estuviese en profundo desespero, con miedo o con rabia. Duré tantas horas estudiando su cara que ya conocía cada línea y cada movimiento muscular posible de ese rostro. Debido a que esa fotocopia nunca cambiaba, eso siempre me dio un punto de partida. Una vez que las piezas culminadas empezaron a llenar mi estudio, él estaba en todos lados.

Cuando ya iba hacer la última frase "en tus manos encomiendo mi espíritu", recibí una llamada de una mujer alemana que yo conocía y que vivía en Jerusalén. En varias ocasiones ella hizo viajes organizados a Polonia para visitar los seis principales campos de exterminio nazi. Al enterarse ella que yo estaba trabajando en una pieza relacionada al Holocausto, pensó que yo estaría interesado en unirme a ellos en su viaje. Ya había estado meses inmerso en esta meditación y ya aquel modelo de la fotografía en blanco y negro había sido transformado en seis figuras de tamaño real, cada una con su expresión correspondiente. Me pareció una buena idea tomarme un breve descanso y obtener algo de inspiración para la última figura mientras visitaba los distintos campos de concentración.

Nuestro grupo se encontró en Oswiecim, que es el nombre en polaco de Auschwitz, donde está localizado ese campo. Nuestro tour empezó en Auschwitz-Birkenau, que era el más grande y más famoso campo de exterminio nazi. Aunque los nazis tuvieron cientos de campos de concentración por toda Europa, los seis campos de exterminio estaban todos en Polonia. Antes de que visitáramos el museo del campo de Auschwitz, nos mostraron una película documental de quince minutos acerca de la historia y construcción del campo.

Tal como lo esperaba, la atmósfera en la sala era pesada. Aquella vieja película en blanco y negro, narrada inglés era una compilación de videos tomados por los nazis e imágenes archivadas. La última parte tenía imágenes tomadas por los rusos, ya que ellos fueron los que liberaron ese campo en enero de 1945. Durante el fuerte invierno de enero, la mayoría de los prisioneros habían sido forzados a participar en marchas de muerte hasta Alemania.

Los que no eran llevados a estas marchas eran los que estaban enfermos, pero algunos de ellos lograron esconderse.

Los rusos que estaban liberando el campo estaban filmando todo lo que iban descubriendo. Casi podía sentir las emociones del camarógrafo al exponer el horror que encontraron. Cuando entraron en Birkenau, por alguna razón la grabación se mantuvo enfocada en la parte trasera de unas barracas de madera. Las puertas de las barracas se abrieron y un hombre salió y empezó a caminar hacia la cámara. Mientras se acercaba, la cámara lo enfocó a mitad de cuerpo para que así se pudiese distinguir su cara. Por aproximadamente diez segundos grabaron a este prisionero hablando. Cuando vi la cara de este prisionero, un pensamiento fuerte se me vino a la mente, ¡Conozco a este hombre! Pero luego pensé, ¿Cómo puedo conocer alguien del año 1945 que fue descubierto mientras se escondía en Birkenau? A pesar de esto pensé que de algún modo lo conocía. Los pensamientos seguían en mi cabeza, me mantuve reflexionando, ¿Cómo puede ser esto posible? ¿A quién me recuerda él? De pronto todo llegó a mi mente: ¡Este es el modelo! ¡Es él! Este es el mismo hombre, ¡La misma cara que he estado estudiando cuidadosamente por casi un año! Quería gritar, "¡Lo conozco! ¡Conozco cada línea de su cara, cada una de ellas!" Por un largo período de tiempo la cámara lo enfocó y él habló con el camarógrafo, pero debido a que era una película vieja en blanco y negro no tenía audio y no pude escuchar lo que decía, sino que sólo pude ver sus labios moviéndose. Sentía ganas decirle algo a él en la pantalla, pero se había terminado ya la película.

Aturdido, no sabía qué hacer. Quería ver la película de nuevo, pero teníamos que irnos. No podía explica lo que sentí a las demás personas en mi grupo. No habrían podido entender si les hubiese dicho que había visto alguien que conocía, pero a la vez no conocí. Que duré mucho tiempo estudiando a una persona que hasta ahora solo había sido una cara en una hoja de papel manchada con arcilla y huellas de dedos.
Durante el resto del día me pasaron varios pensamientos por la mente. ¡Él sobrevivió! ¡Sobrevivió a Auschwitz! ¿Pero cuál era su nombre? ¿Dónde iría después de la guerra? ¿Se mudaría a Israel?

¿Tendría hijos? ¿Podrían ellos estar viviendo en el mismo pueblo donde yo vivo? Todas esas preguntas se entremezclaron con lo que había visto en el campo, el lugar al cual él había sobrevivido contra todo pronóstico. ¿Quién podría haber adivinado la probabilidad de que entre dos millones y medio de fotos en Yad Vashem, representando miles de lugares y épocas, yo pudiese llegar a ver esa misma cara en una película introductoria en un museo en Auschwitz?

Era algo increíble, pero para Dios nada es imposible. Sabía que Dios me había permitido "conocer" a este hombre, tenía que averiguar su nombre y dónde fue a parar luego de la guerra. Lo único que pude aprender a partir de la película es que él tenía cuarenta y dos años al momento de su liberación.

Desde aquella vez, he ido varias veces a Auschwitz y he conocido algunas de las personas que trabajan en la oficina del museo, algunos historiadores y el hombre a cargo de los archivos. Al revisar los nombres registrados por los rusos, delimitamos la lista hasta llegar a 120 hombres que tenían la edad de 42 años en ese momento.

Enviamos ese fragmento de la película donde habla el hombre a una escuela para sordos en Polonia, preguntando si alguien podía leer sus labios para averiguar lo que estaba diciendo. Si él hablaba polaco, eso también ayudaría en mi búsqueda. Todos en el museo de Auschwitz me ayudaron de gran manera y fueron muy pacientes en mi búsqueda.

"Es como encontrar una aguja en un pajar," me decían.

"Pero por lo menos encontré cuál es el pajar," les respondía.

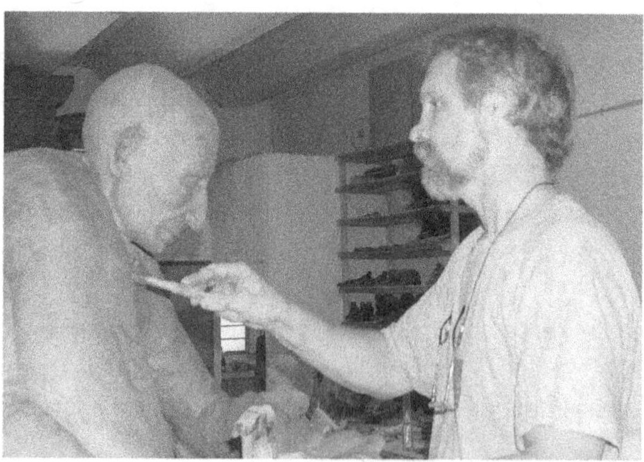

CAPÍTULO 34

Cambio de destino y una voz gritando
en la naturaleza

Al volver al asentamiento luego del viaje a Polonia las cosas habían cambiado, se habían profundizado. Ya me estaba sintiendo identificado con una persona real y no sólo con una foto, esto lo sentí una vez que ya había terminado la figura final del Holocausto en arcilla.

Durante años, los miembros de Cadim hablaban constantemente de una posible retirada - se preguntaban si procedían o no. Primero el primer ministro Yitzchak Rabin y luego Ariel Sharon dieron mensajes muy contrarios. Nos sentíamos como una pelota de tenis siendo golpeados de un lado para otro. La tensión del futuro desconocido también influyó nuestras decisiones pragmáticas. ¿Colocaremos la alacena en la cocina? ¿Ampliaremos la casa? ¿Deberíamos hacer algo más? No estaremos viviendo aquí por mucho tiempo.

Cuando Ariel Sharon fue electo como primer ministro, todos en Cadim pensamos que ya estábamos a salvo y nos podríamos relajar, pero de pronto todo eso cambió. De manera totalmente inesperada el gobierno empezó hablar del cambio de lugar de los asentamientos y Cadim estaba en la lista.

Mientras trabajaba en "La Fuente" aunque no lo dije en voz alta, yo había estado pensando que mi estudio no era lo suficientemente grande para esta pieza tan amplia. El primer panel de crucifixión en el cual trabajé fue el de "¿Dios mío, por qué me has abandonado?" Lo coloqué en un muro de madera aglomerada para así poder ver las dimensiones y tener una idea de cómo sería en tamaño completo. No pensaba en el dinero, sentí que le estaba respondiendo al Señor. Me mostró y me confirmó que estaba en la dirección correcta incluso si no tenía idea de hacia dónde me iba llevár todo esto.

Benjamin Netanyahu visita Cadim durante las charlas de retiro

En el año 2003 empecé a desarrollar los modelos en arcilla de las figuras de la crucifixión al mismo tiempo que trabajaba en dos encargos – uno en Europa (Basilea, "Ester") y otro en los Estados Unidos (Indiana, "El hijo pródigo"). Estos dos encargos generaron ingresos suficientes como para que el siguiente año 2004 yo pudiese trabajar a tiempo completo en los modelos de tamaño real para la parte de la obra sobre el Holocausto.

Estaba preparando las esculturas de arcilla sobre el Holocausto para luego hacer el vaciado de bronce. Esta parte requería nuevamente una cantidad grande de dinero, pero yo no estaba enfocado en eso. Después de haber ido a Auschwitz y ver lo que Dios me había dado allí me motivó mucho y estaba determinado a seguir trabajando.

En el año 2005 cierto cambio de destino iba ocurrir, así que de manera colectiva los miembros de nuestro asentamiento les pidieron a los abogados que nos representaran junto a otro asentamiento. Ya con su experiencia previa con Yamit, los abogados sabían qué documentos debían ser preparados con anticipación, para cuando llegase el momento, ellos serían los primeros en aplicar por una compensación del gobierno. De esta manera teníamos una mayor probabilidad de obtener algo del dinero de la compensación. Aquellos que esperaban mucho, no recibían nada ya que, al momento de aplicar, el dinero del presupuesto no iba estar disponible. Nosotros recibiríamos 75% del dinero de la compensación y si podíamos probar una presencia física en otra dirección, recibiríamos el 25% restante.

En la primavera de 2005 mientras oraba para saber dónde el Señor quería que nos mudáramos, la palabra "Judá" se me venía a la mente y también, "una voz gritando en la naturaleza". Busqué el área geográfica de la tribu de Judá en un mapa bíblico e inmediatamente noté que Jerusalén era parte de ella. Sin embargo, el dinero de la compensación no era suficiente como para comprar un apartamento en Jerusalén.

Antes de irnos a vivir en el asentamiento, el Señor nos había dejado claro que nunca debíamos endeudarnos. Cuando compramos la casa en Cadim, le pregunté al Señor acerca de la posible hipoteca y que eso nos endeudaría.

El Señor nos dijo entonces, que si nos endeudábamos estaríamos endeudados en obediencia a Él, solo estaríamos en deuda con Él.

Así que ahora le estaba pidiendo ayuda en nuestra búsqueda por una nueva casa: ¿Volvemos al principio de no tener deudas o podemos usar una hipoteca nuevamente? Sentí que el Señor me dijo, vuelve al principio de no tener deudas.

Tomando en consideración que teníamos que comprar una casa, en efectivo y sin hipoteca, Dafna y yo acordamos no esperar hasta que el gobierno nos pagara el 25% faltante, por lo tanto, debíamos comprar una casa con un valor aproximado de ese 75% del dinero. Luego de buscar conseguimos que el único lugar que tenía casas asequibles en ese rango de precio era la región del norte de Negev, aún parte de Judá, pero no precisamente Jerusalén. Finalmente, el gobierno sí nos pagó el 25% restante de la compensación y eso cubrió el costo del vaciado de bronce para las figuras del Holocausto.

Para nosotros, el tiempo era perfecto para comprar una casa en el Negev debido a que el mercado estaba en su nivel de precios bajos, las personas estaban muy ansiosas de vender y de hacer buenos tratos.

"Señor" oré "Necesito una casa con un estudio y con un muro de por lo menos 53 pies de largo" Yo había calculado la longitud de lo que se necesitaría para la "Fuente de Lágrimas" una vez culminada.

Conocimos a una agente de bienes raíces que vivía en el norte de Negev, en Arad, una ciudad pequeña. Decidimos ir hasta allá y encontrarnos con ella para tener una idea general sobre esa área.

"Estoy negociando muchas casas ahora," dijo la agente, "y en este momento voy camino a revisar una en Arad. ¿Quizás ustedes estén interesados en verla?"

Mientras la agente le mostró a Dafna la casa, yo caminé hacia la parte de atrás de la casa y descubrí que tenía un patio en forma de "L".

Una de las partes de la "L" tenía un depósito.

Ese puede ser mi estudio, pensé.

Al pasar por una esquina del patio, noté un patio abierto con un muro largo en uno de sus lados. Al ver la estructura pensé, ¡Aquí está el muro! ¿Me pregunto qué tan largo es? Aunque yo le había pedido al señor que necesitaba por lo menos 53 pies de longitud, este muro resultó tener 60 pies de longitud. ¡Oye! Pensé. Si esto es el Señor pues ¡Está siendo generoso! (al final tuve que usar toda la longitud de ese muro para poder culminar "La Fuente") echándole un vistazo al patio, pensé, ojalá a Dafna le guste también esta casa, ¡Porque voy a comprar este muro!

En julio de 2005 nos habían dado la fecha final para abandonar nuestras casas del asentamiento – el 27 de julio. Las familias podían irse antes de esa fecha, pero ya para el 27 de julio todo el asentamiento debía estar completamente vacío. Nos íbamos de allí con sentimientos encontrados. Habíamos logrado amistades con casi todas las personas del asentamiento y habíamos vivido como creyentes incluso ante ellos. Hicimos varias cosas que ellos no entendían, pero existía un respeto mutuo. Nunca los perseguimos, sino que esperábamos por si tenían preguntas acerca de nuestra relación con Jesús. Tuvimos varios diálogos fructíferos e interacciones con ellos.

Nuestros niños habían crecido allí y se llevaban varios recuerdos de su niñez allí en el asentamiento.

El Señor había establecido este tiempo como una intercesión que debíamos vivir.

Ahora era el inicio de otra intercesión que se había estado desarrollando desde la palabra "restitución" la cual sería establecernos en Arad con La Fuente de las Lágrimas. Estábamos contentos de ir allá.

Debido a que teníamos un estudio, a nuestra familia se le dio una extensión del tiempo límite hasta el 15 de agosto. En los doce años que habíamos vivido en el asentamiento, por siete años tuve un espacio amplio en el área industrial el cual usaba como estudio. Había acumulado una cantidad de herramientas y materiales en todos esos años, pero lo más grande de todo lo que me debía llevar era los elementos iniciales de lo que iba ser "La Fuente".

Durante esas últimas semanas trabajé duramente en soldar todas las piezas de las figuras del Holocausto. En julio mudamos todas las cosas de la casa y las cosas del estudio a principios de agosto.

Mi padre del kibutz le pidió a un conductor de camión que vivía en el kibutz que viniese con su enorme camión de plataforma con grúa de

80 toneladas para ayudarme a transportar el estudio. Daniel, quien estaba en el ejército en aquel entonces, recibió un permiso especial de dos semanas para ayudarme a construir cajas de madera para empacar las piezas.
Luego esas cajas fueron levantadas por la grúa del camión. Salir del asentamiento por última vez fue algo extraño para Dafna y yo. Ahora no sentíamos emociones como tal, solo estábamos viendo hacia adelante.

La mudanza hacia Arad me dio el muro que necesitaba para "La Fuente" y para la construcción de todo lo que se necesitaba. La idea de usar rocas de Jerusalén en las escenas de la crucifixión nació allí. Lo que había sido una zona para la construcción de "La Fuente" luego se convirtió en una sala de exhibición donde ahora recibimos visitantes.

CAPÍTULO 35

Getsemaní

Lentamente empecé a ver como la crucifixión y el Holocausto se unían en la obra. Se convirtió en un diálogo de dolor entre estas dos personalidades, ambas cargando un dolor tan profundo, pero a la vez estando tan separadas históricamente. ¿Podría haber algo en común entre ellas? ¿Existía una hermandad del dolor? No sabía, pero quizás ellos me podrían hablar mientras los creaba. Para ello, tenía que volver al principio – a Getsemaní.

Hay mucha carga asociada a esta palabra "Getsemaní": es un lugar de oscuridad, lleno de horror y una intensa lucha de voluntades. Pero también es un jardín donde se cosechan olivas que luego son machacadas para obtener aceite, usado en los tiempos bíblicos para sanar o para la unción de los reyes.
En la más oscura de todas las noches, la voluntad para vivir era aplastada y presionada para producir el aceite de la vida. Aplastada, no solo al morir, lo cual significaría aliviar la lucha, sino como una manera lenta y elaborada de tortura. Esto era una muerte designada para infligir la máxima cantidad de dolor por el mayor tiempo posible.

De una manera pequeña la escultura de Getsemaní reflejaba cómo me sentía antes de crear "La Fuente de Lágrimas". Era una lucha iniciar ese encargo ordenado por Dios. Sabía que me costaría muchísimo y que quizás perdería todos mis amigos. Había sido un milagro el hecho de que yo, siendo un gentil, había recibido la ciudadanía israelí – una señal desde el cielo que indicaba que debía quedarme en Israel, integrarme y aprender el idioma. Me había unido al kibutz, serví en las Fuerzas de Defensa de Israel. Dios me había dado un amor por este pueblo, las relaciones que habían sido formadas reflejaban la voluntad de Dios en todo.

Era un honor ser parte de este pueblo. ¿Había una posibilidad de perderlo todo? El Holocausto es uno de los hilos más importantes y profundos en el tejido de este país. Tocar ese tema se sentía como entrar en un lugar muy sagrado, era mejor evitarlo. Era un lugar al cual uno podría llegar con preguntas, pero nunca con respuestas.

¿Cómo podía yo conectar los terribles recuerdos del Holocausto con la crucifixión de Jesús y sus siete últimas palabras? Mis amigos israelíes se enfurecerían si yo, un gentil, que dice ser amigo de ellos, se atreviera a crear un diálogo entre esos dos eventos que solo se podrían insultar mutuamente. ¿Puede haber un diálogo que refleje el dolor de cada parte? Me preguntaba. ¿Puede haber una hermandad de sufrimiento entre estos dos que a la vez pueda brindar una limpieza y sanación a los malentendidos y al odio profundo?

La lucha con este encargo era como mi momento personal en Getsemaní, mis justificaciones y esos argumentos de auto-preservación debían morir, ahora solo debía empezar a esculpir. Recordé a Jeremías 9,

"¡Cómo quisiera yo que mi cabeza fuera un mar, y mis ojos un manantial de lágrimas! ¡Así podría llorar día y noche por los muertos de la hija de mi pueblo!"

Tomando en cuenta que este viaje no sólo era una escultura de un proyecto grande sino un viaje de oración e intercesión, me preguntaba dónde podría empezar. ¿Quizás con Getsemaní? De cierta forma fue allí donde empezó la crucifixión. En este lugar, el Padre le mostró al hijo lo que iba afrontar Él.

El Holocausto – ¿Podría este jardín representar todas esas noches en las cuales el pueblo judío fue acorralado y enviado a prisiones o campos de concentración? Para Jesús era la noche de Su aprisionamiento, cuando Lo ataron y se Lo llevaron. Se tomaron distintos pasos desde el momento de Su cautividad hasta Su juicio final. Después de varias maniobras políticas y manipulaciones llegó su solución final – morir crucificado. El pueblo judío primero fue juzgado por las Leyes de Núremberg y luego fueron llevados a cautiverio en los guetos hasta que la SS activara la solución final, muerte en las cámaras de gas, la crucifixión de ellos.

Esculpí la figura de Jesús como si estaba siendo vaciada sobre una piedra grande, como si Su cuerpo tomaba la forma de la piedra.

El enfoque de Su lucha está representado en la copa del sufrimiento que Él sostiene, alegóricamente representado en forma de una copa que es llenada completamente con sufrimiento. Al momento del Padre mostrarle al Hijo todo lo que estaba en la copa, Su sudor se mezclaba con gotas de sangre que fluían desde la piedra. ¿Sabía él que vendría un momento de total abandono por parte del Padre? Y que luego el Padre le pidió a Su Hijo tomar de esta copa de horror por el bien de la salvación de aquellos que lo habían perseguido y odiado.

En la escultura Jesús sostiene la copa con Su mano izquierda, su brazo está completamente extendido, lo más lejos posible de Su boca. La copa se equilibra entre Su dedo índice y el pulgar, mientras que los otros tres dedos están libres. Esto simbolizada la indecisión de Jesús, los tres dedos representan las tres veces que Él llamó a Sus discípulos a orar con Él, pero los encontró dormidos.

Tres veces Él oró al Padre que la copa se le fuese quitada. En la más oscuras de las noches, Él solo tomó la terrible decisión "Padre, si es Tu voluntad, que pase de mi esta copa, pero no sea mi voluntad, sino la tuya la que se cumpla."

La crucifixión empezó en el momento que Jesús aceptó tomar de la copa de sufrimiento.

CAPÍTULO 36

Dos diseños malvados para una muerte violenta

Ni la crucifixión ni el Holocausto representaban causas naturales de muerte, de hecho, cada una de ellas eran bien premeditadas y diseñadas para causar la mayor cantidad de dolor y ambas culminaban con una muerte violenta. En el primer caso, Jesús fue sometido a juicio, acusado y condenado por ser el Rey de los Judíos. En el caso del Holocausto, ser judío ya representaba una sentencia de muerte. En un patrón similar, ambos morían, fueron enterrados y resucitaron. Mientras Jesús fue enterrado por tres días, los judíos fueron enterrados por tres años. La resurrección de Jesús creó un reino celestial mientras la resurrección del pueblo judío creó una nación.

Empecé a reflexionar. A este nivel parecía haber una conexión entre el sufrimiento de la crucifixión y el Holocausto. ¿Podría existir un vínculo íntimo entre las siete palabras y el Holocausto? ¿Dónde está la identificación, si es que existe? ¿Estoy en alguna clase de viaje creativo que lleva a ninguna parte?

Sabía que debía luchar por cada palabra en oración.
Tendría que sacar inspiración no de mi recuerdo personal o de mi sufrimiento sino desde el corazón del Padre. Su memoria estaba llena con los últimos llantos de Su Hijo y las lágrimas de cada una de las víctimas judías que murieron durante el Holocausto. Él recuerda cada punto donde un hombre, mujer o niño ha sido asesinado.

No me atrevería a presumir que a través de este trabajo entendí el dolor de Jesús y del pueblo judío, pero sabía que Dios me había dado permiso para crear esta pieza. Empecé a escuchar el corazón del Padre y por lo tanto había sido capaz de identificarme con ellos. Esas siete palabras – tenían que ser consideradas una a la vez ya que cada una de ellas se convertiría en parte de mi vida. Desde el momento en que me despertaba, empezaba a pensar en una frase específica y reflexionaba mientras amasaba la arcilla húmeda sobre la armadura de metal de lo que se convertiría luego en una figura de tamaño real. Las palabras flotaban dentro y fuera de mi mente mientras intentaba solventar un problema técnico o esculpir un área que necesitase ajustes. Trabajar el material era excelente ya que requería un tiempo de verdadera meditación. Por lo general trabajaba en silencio por varias horas con el material y eso era algo dadivoso y que requería atención.

La arcilla se convertía gradualmente en una forma que reconocía en mis pensamientos, mis sentimientos y oraciones. Sobre todo, esperaba que también comunicara Sus oraciones y Su corazón, ya que solo así mi trabajo se convertiría en un acto de intercesión. Dafna y yo sabíamos que este proceso de intercesión creativa reflejaría las palabras de Jeremías y que de alguna forma esto también tendría conexión con la palabra "restitución", Aún no sabíamos cómo, pero nos pasaba que eran más las cosas desconocidas que habíamos afrontado que las conocidas.

Las lágrimas de Jeremías eran simbolizadas por agua goteando lentamente desde seis columnas de piedra que unían a los siete paneles y constituían así un muro largo.
En la base de cada pilar, el agua era acumulada y canalizada bajo tierra hacia seis árboles de oliva que estaban afuera en el patio frente al desierto. Esos árboles representaban la palabra profética "restitución" y el agua representaba las lágrimas de vida derramadas por los seis millones de personas que fueron asesinadas en el Holocausto.

Las últimas palabras que Jesús dijo durante la crucifixión serían también muy importantes ya que eran su última comunicación con los judíos y los gentiles. El cartel que decía "Rey de los Judíos" representó el primer mensaje escrito y público sobre Él. Al dar Su vida en su acto final de intercesión, el Padre le daría el sello de autoridad, no solo como Rey de Reyes sino como Rey de los Judíos – Rey de Sus propios hermanos.

Las figuras de bronce que representaban a los sobrevivientes del Holocausto llevaban cada una sus marcas visuales. Todo lo que les hicieron a ellos tenía como intención deshumanizar al pueblo judío para que así fuesen indistinguibles los unos de los otros, para que su humanidad propia fuese irreconocible.

Muchos se negaron a ver lo que estaba ocurriendo a los judíos, se dieron la vuelta para no ver como los llevaron marchando hacia los guetos o los hacían subir a camiones para ganado y finalmente cuando los encerraban en los campos de concentración. De esa misma manera, la gente volteaba la cara para no ver a Jesús, luego de haber recibido tanta tortura, Él también se había vuelto irreconocible.

A través del lenguaje corporal – ya sea por su expresión facial o por la manera en que tiene sus manos – la figura del Holocausto responde a la palabra escrita por parte del crucificado. La forma en que toca los pilares de piedra evoca la memoria de aquellos que perecieron.

Solo un tiempo después descubrimos que las rocas color marrón oscuro que elegimos para hacer los pilares se llamaban "rocas quemadas" y solo se consiguen en la región del norte de Negev. Cuando estas rocas duras y oscuras se mojan se vuelve del mismo color ámbar de las figuras de bronce.

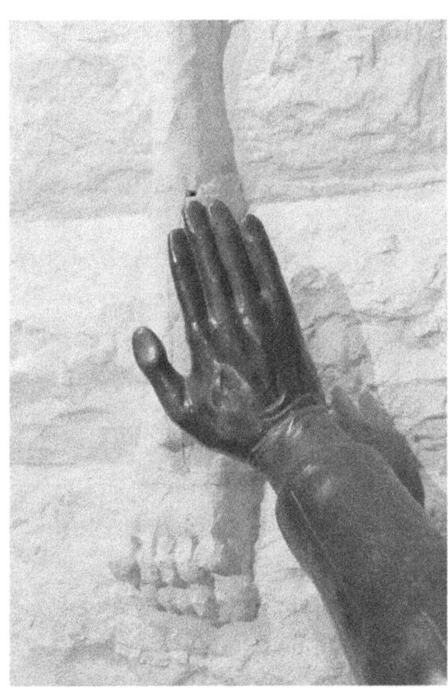

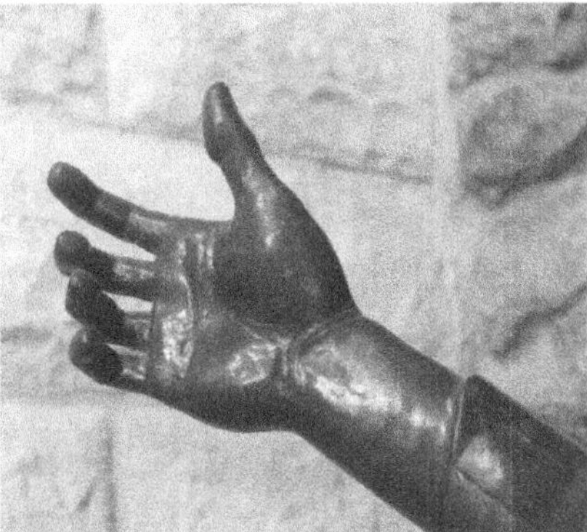

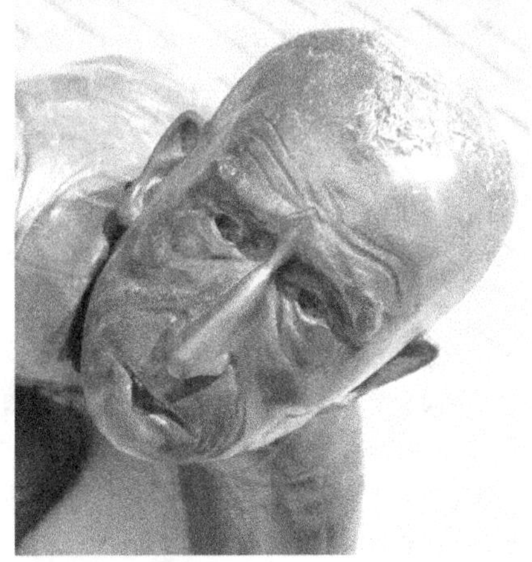

CAPÍTULO 37

La cara de un ángel triste

Antes y durante el tiempo en que estuve trabajando en "La Fuente", leí muchos libros relacionados al Holocausto. El libro que más me afectó fue "Noche" de Elie Wiesel. Para mí, uno de los párrafos más importantes en el libro fue el prólogo de Francois Mauriac. Durante esa época yo estaba en la fase preliminar de "La Fuente"y estaba buscando de manera desesperada algo que me ayudase a comenzar el proceso creativo.

Esto es lo que leí:

"En el día más horrible incluso entre todos los demás días espantosos, cuando el niño (Elie Wiesel) presenciaba el ahorcamiento (¡sí!) de otro niño que, nos indica él, tenía la cara de un ángel triste, él escuchó alguien quejarse: 'Por amor a Dios, ¿dónde está Dios? "Y dentro de mí escuché una voz que contestaba: "¿Dónde está Él? Aquí, guindando de esta horca"

"Y yo, que creía que Dios era amor, ¿Qué respuesta le podía dar a mi interlocutor cuyos ojos oscuros aún tenían el reflejo de esa tristeza angelical que había aparecido en la cara de un niño ahorcado? ¿Qué le podía decir? ¿Le hablaría de aquel otro judío, ese hermano crucificado que quizás se parecía a él y cuya cruz conquistó al mundo? ¿Explicar que lo que había sido un ladrillo flojo para su fe se había convertido en la piedra angular de la mía? ¿Y que la conexión entre la cruz y el sacrificio humano aún existe, desde mi punto de vista, la clave para el misterio inconmensurable en el que la fe de su niñez se había perdido? Y que Zion se había levantado de nuevo de las cenizas de los crematorios y de los mataderos. La nación judía había resucitado desde sus miles de muertos. Son ellos quienes le han dado una nueva vida. No sabemos el valor de una gota de sangre, una lágrima. Toda la gracia. Si el Todopoderoso es el Todopoderoso, la última palabra de cada uno de nosotros le pertenece. Por esa razón debimos haberle dicho eso al niño judío, pero todo lo que pude hacer fue abrazarlo y llorar."

El libro "Noche" de Elie Wieseel para mí fue una fuerte presentación personal del viaje hacia la oscuridad del Holocausto por parte de un niño de catorce años. El Holocausto visto a través de los ojos de una persona para de alguna manera mostrar lo que sintieron seis millones. Pero las palabras de Francois Mariac en la introducción del libro identificaron mi propio dilema personal, así como él yo no podía decir nada solo abrazar y soltar lágrimas. Todos los dibujos que había hecho en mi esperanza de conseguir un nuevo punto de partida tuvieron que ser reemplazados. Tenía que acoger la arcilla y junto con las lágrimas representarían mis puntos de referencia en este viaje. Las lágrimas exigían una respuesta viniendo de un lugar de oscuridad que no entendía, pero al cual debía ir.

El proceso creativo era como entrar en oración, pero su inspiración no venía de mí. Así como ese aluvión de lágrimas que me invadió en el momento de la palabra "restitución", esta interacción parecía ser algo ajeno a mí. Mi vida siguiendo a Jesús nunca había estado basada en el conocimiento de una cosa sino en la respuesta de lo que yo estaba sintiendo que Él me transmitía. El conocimiento, por lo menos en parte, era algo que me venía un tiempo después cada vez. Su presencia parecía enmarcada en lágrimas, lágrimas de un profundo dolor, me asustó, pero no lo suficiente como para rechazarla.
Esto se trataba de representar Su memoria y no la mía; Él me había dejado eso claro. Lo profundo que sería el dolor, el cómo yo lo cargaría, no lo sabía, pero era un llamado que debía responder.
Ahora era el momento de entrar en esas siete últimas palabras de Jesús. Ellas serían las puertas.

Mientras comenzaba a percibir que había una conexión entre Jesús y la víctima del Holocausto, incluso en eso primeros pasos, me sentí intrigado.

"Padre perdónalos porque no saben lo que hacen."
Aquí se trataba del perdón, no eran palabras vomitadas de odio hacia aquellos que lo clavaron a esa cruz, ni una maldición o una esperanza de revancha, sino una oración, una intercesión por los asesinos, una súplica al padre para que tuviese piedad con los asesinos porque ellos

no sabían lo que habían hecho. Mientras más pensaba en esto más impresionado estaba. Este perdón no venía de la naturaleza de un hombre, sino que era un reflejo de un Hijo que había adaptado Su vida a la de su Padre.

¿Cómo podría mostrar esto en la arcilla? Esta oración pidiendo perdón, pero no eran palabras débiles sino una declaración, casi era un grito, un grito que definió Su propia vida y que además de eso era el inicio de un nuevo pacto.

Este pacto estaría basado en el perdón, incluso para lo más imperdonable.

CAPÍTULO 38

"¡Padre, perdónalos!" Lucas 23:24

Nadie sabe el orden de las palabras que fueron expresadas en el momento de la crucifixión, pero me imagino que esas palabras, "¡Padre, perdónalos!" Estaría de primera en la mente de Jesús. Esto, sentí yo, debía ser el primer panel, ya que la crucifixión en sí era un acto que implicaba el perdón. El Cordero de Dios fue asesinado para crear un pacto de perdón. Creo que no solo perdonó Él a los que lo crucificaron, sino que también a los que hicieron que eso ocurriera y hasta al soldado romano que martilló esos clavos en sus manos y pies. Jesús convirtió su perdón en un pacto, un nuevo pacto, una forma de vida para aquellos que Lo siguieran.

Esculpí la figura de Jesús crucificado con Su cabeza hacia adelante y Su cara era intencional. Él no aparece enfocado en su dolor físico sino en la declaración que hace, "¡Padre, perdónalos!" Al decir esas palabras, Él creó un pacto. Y Sus manos, aunque estaban clavadas a la madera, están abiertas ya que Él espera darle el perdón aquellos que puedan y quieran recibirlo.

La figura que representa el Holocausto se voltea hacia el pilar de las piedras como si estuviese tratando de alcanzar aquellos que perecieron. Él lucha con esta palabra de perdón ya que su pacto exige que cuando recibamos su perdón, también nosotros debemos perdonar a los demás. Recibir el perdón se muestra en la figura del Holocausto mientras se toca el pecho con una mano, mientras la otra mano la tiene sobre el pilar de piedra, como si estuviese pidiendo perdón.

¿Pero cómo puede él perdonar aquellos autores, los asesinos de aquellos que murieron, mientras él sigue con vida? Él lucha. Su vida está atada a las piedras de los que fallecieron entrelazados con él. Su mayor miedo era si en el momento que él perdonase, aquellos que perecieron serían olvidados. Si eso ocurriera, ellos habrían sido traicionados dos veces.

"Nunca perdones, nunca olvides," es una oración generalmente aceptada en Israel con respecto al Holocausto. Es como si apenas se considera el "perdón", el resultado inmediato sería, "el olvido".

Un día conocí a Martín, un sobreviviente del Holocausto que poco después de la guerra había inmigrado a los Estados Unidos. Martín y su esposa vivían ahora en el área de Denver y eran amigos de los Cristianos Sionistas quienes los invitaban a muchos eventos pro-Israel en su iglesia. A través de los años, Martín se convirtió en un amigo de honor de esa comunidad cristiana. Un día, Martín les confesó a sus amigos que sufría de pesadillas recurrentes en las cuales revivía los horrores de los diferentes campos a los que sobrevivió. Esos recuerdos lo dejaron en un estado de perturbación.

"Podemos orar por ti, Martín," le dijo la pareja. "Dios puede sanarte. Después de eso esas pesadillas no te molestarán más."

"¡Oh, no hagan eso!" Martín les suplicó. "Si oran por mí, sé que estas pesadillas dejarán de ocurrir. ¡Por favor no lo hagan!"

"Pero, ¿por qué?" La pareja estaba impresionada por su respuesta.

"Porque esa es la única conexión que me queda con las personas que he perdido," dijo él. "Y aunque el recuerdo de aquellos que murieron es tan doloroso, no puedo desconectarme de ellos. Siguen viviendo en mis recuerdos y siempre los llevaré conmigo incluso si esos recuerdos son pesadillas."

"Padre, perdónalos, porque no saben lo que hacen," – es el primer registro de Jesús pidiéndole perdón al Padre directamente. Usualmente era Jesús quien decía las palabras de perdón, enfureciendo en gran manera a los religiosos de Su época. Quizás la crucifixión y el Holocausto estaban conectados por el hecho que ningún ser humano sería capaz de perdonar ambas atrocidades – ninguna persona, solo el Padre.

¿Un sobreviviente del Holocausto tiene un concepto equivocado de la palabra perdón? ¿Un concepto equivocado de recordar? ¿O quizás ha creído él en algo erróneo?

Para mí, era algo impresionante encontrar una iglesia que decía que Jesús era el Señor pero que ignorase completamente su oración de perdón hacia aquellos que lo crucificaron. Históricamente, la iglesia etiquetaba a los judíos como asesinos de Cristo, como si las palabras "Padre, perdónalos," nunca incluyesen a los judíos. ¿Han creído ellos en una mentira?

Mi cabeza estaba llena de pensamientos y preguntas mientras caminaba por esta primera palabra. ¿Me provocarían un diálogo mental todas las siete palabras?

CAPÍTULO 39

"Hoy estarás conmigo en el paraíso" Lucas 23:43

Amo estas palabras, "Hoy estarás conmigo en el paraíso," ya que estas palabras fueron dichas por un hombre desesperado, a punto de morir. Su petición había sido ser recordado, seguido de la respuesta de Jesús, lo cual destruye todas las doctrinas e indica que ya hemos creado los prerrequisitos para la salvación, "Señor, cuando estés en tu Reino, por favor recuérdame," es todo lo que el ladrón le pidió a Jesús. "¡Por favor, no me olvides!"

Guindando a la izquierda de Jesús estaba el otro ladrón. En sus últimos minutos de vida, él se burlaba y maldecía. Esculpí la mano izquierda de la crucifixión como volteada, hacia abajo, esto no indicaba juicio sino una señal de decepción. El ladrón se olvidó que era alguien que realmente necesitaba a Dios.

El corazón del Padre latiendo en el pecho de Jesús está dirigido hacia el ladrón de la derecha el que había recordado quién era Jesús. La figura de la crucifixión mueve su cuerpo un poco hacia la derecha, aunque estaba limitado su movimiento por los clavos. La mano derecha de la figura de la crucifixión intenta tocar el pilar de piedras como si fuese una imagen de Dios buscando llegar a todos lo que lo claman, pidiendo ser recordado, incluso en los últimos momentos de su vida.

En esta pieza estoy tratando de reflejar el corazón de Jesús el cual es el corazón del Padre, el corazón de Dios. La palabra "Padre" – implica autoridad.

Este pensamiento me daba esperanza; si en los últimos momentos de la vida de Jesús escuchó la súplica de un ladrón que quería ser recordado, por supuesto que escucharía a su propio pueblo. Sus llantos desde el Holocausto lo hubiesen llevado a intentar y aliviar su sufrimiento.

Él habría tenido que responder o Él tendría que olvidar Su propio rol como el Padre. La figura que representa el Holocausto permanece erecta con sus manos apuntando a dos direcciones distintas.

¿Está él identificándose con la crucifixión o está escuchando sus propias palabras dichas por las bocas de esos dos ladrones?

Al haber escuchado la historia de los dos ladrones, una sobreviviente del Holocausto también transmitía lo que esas palabras de esos hombres crucificados habían representado, uno maldiciendo a Jesús y el otro suplicando ser recordado.

"Me puedo identificar con ambos ladrones," respondió el sobreviviente. "En Auschwitz diariamente estábamos a un centímetro de estar muertos. Con la poca fuerza que nos quedaba, había días en que maldecíamos y nos burlábamos de Dios. Pero también había días en que le suplicábamos, pidiéndole que nos recordara."

Lo que ella me dijo me impresionó, sí por una parte había maldiciones y burlas, pero por otra parte también querían ser recordados, deseando un toque de vida. Por esa razón las manos de la figura del Holocausto apuntan a direcciones contrarias. La que apunta hacia arriba se identifica con la mano de Jesús que da la vida, mientras la segunda va en dirección contraria, reconoce al ladrón que se burla y maldice.

CAPÍTULO 40

"Madre, he allí tu hijo. Hijo, he allí tu madre."
Juan 19:26,27

Desde el punto de vista de la crucifixión, las palabras, "Madre, he allí tu hijo; hijo, he allí tu madre," son fáciles de entender porque reflejan mucho del corazón de Jesús. En medio de su dolor profundo, en pleno sufrimiento, Él se preocupa por Su madre. En este panel busqué la manera de mostrar a Jesús colocándola en el hombro de un amigo, alguien en quien Él confiaba – Juan, su querido amigo y el único discípulo que se quedó allí con Él durante la crucifixión.

Jesús confía y da en cuidado a Su madre en manos de Juan quien ahora debe apoyarla y soportarla como si fuese su propia madre. Al hacer lo que hizo, Jesús pasó Su rol de hijo a su amigo.

Esta relación entre Juan y María fue creada desde un momento de mucho sufrimiento. La manera en que Juan había recibido la responsabilidad de cuidar a María desde ese momento, ¿podría ser esto similar a lo que los sobrevivientes del Holocausto sintieron al tomar la responsabilidad de aquellos que perecieron?

Esto es simbolizado por la figura del Holocausto cargando una tela pesada sobre su hombro. En los pliegues de este material, uno puede ver la figura de una mujer demacrada y surreal. El sobreviviente "la" está cargando en un brazo, el cuerpo entretejido está extendido sobre sus hombros y el final de la tela es sostenido por su mano.
Él experimenta una relación con las memorias de los muertos ya que son como un gran peso debido a que es una relación no natural.
La mayoría de su familia fue asesinada, en su lugar ahora carga y se identifica con la memoria de seis millones de personas. Esta relación no natural es más íntima que las que ha conocido. Él se queda viendo fijamente la tela en su mano.

El final de la tela en la mano de la figura del Holocausto representa la

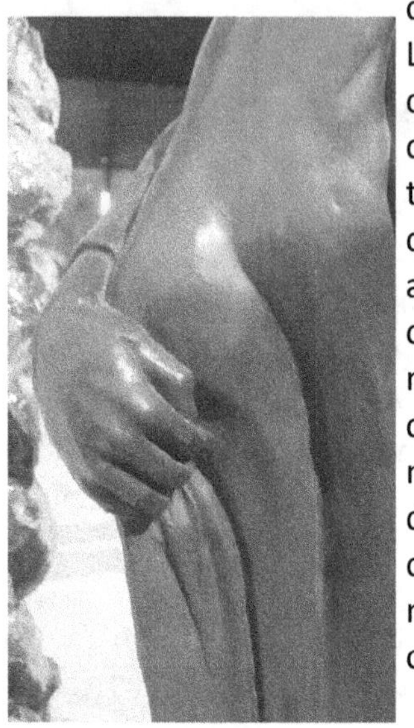

comprensión de lo que le ha pasado a él.
La tela se mueve en su brazo y se ensancha cuando empieza a comprender la destrucción y pérdida de sus familiares y familia entonces la tela toma forma de una mujer cuando él se da cuenta de la pérdida de su aldea y finalmente del país al cual pertenecía. Esto es expuesto por la tela con forma de mujer extendida sobre su hombro que luego cae en el suelo. La espalda, los glúteos y piernas de la figura de bronce de la mujer desnuda se funden con los pliegues bien pronunciados que se relacionan con los seis millones. Él tendrá en la memoria esta nueva relación no natural por el resto de su vida.

En estos años hemos mostrado "La Fuente" a muchas personas, pero cuando recibo a sobrevivientes del Holocausto siempre me siento intimidado por ellos. He creado esta obra a través de mi relación con la crucifixión y el Holocausto, pero el sobreviviente carga la memoria con él. Es parte de quien él es y de quien se ha convertido. Un día un amigo me trajo a una visitante. Sarah, una señora de setenta años, se veía como la clásica abuela, su cabello muy arreglado y un vestido algo formal.

Luego me enteré que ella había nacido en los Países Bajos y desde que tenía cuatro años había sido ocultada por distintas familias durante el tiempo que duró la guerra. Al final de la guerra, Sarah, con solo ocho años de edad, era la única sobreviviente de su familia.

Estando a su lado y con los paneles frente a nosotros empecé a explicarle a Sarah cómo había creado "La Fuente". Me sentí nervioso especialmente porque ella se mantuvo tan callada. No me veía mientras yo le hablaba, sino que veía fijamente a la escultura.

Cuando llegamos al tercer panel, "Madre, he allí tu hijo; hijo, he allí tu madre," ella se volteó y me miró a los ojos y me dijo, "¿Cómo lo supiste? ¿Cómo supiste que he cargado este manto en mi corazón todos estos años? ¿Cómo es posible que lo supieras?"

No sabía cómo responderle, pero ella tenía razón en hacerme esa pregunta. ¿Cómo pude saberlo? Yo no tenía ningún recuerdo personal o experiencia del Holocausto. Eso habría sido imposible en mi contexto.

"¡Yo no lo sé, pero Dios sí sabe!" fue todo lo que pude decir. "Si hubiese podido, yo hubiese corrido lejos de este proyecto, pero Él no me dejó."

CAPÍTULO 41

"¡Dios mío! ¿Por qué me has abandonado?"
Marcos 15:34

Mientras se acercaba al momento de plasmar la siguiente palabra, sentí un miedo, sentí un temor, una premonición, un llanto de abandono de un hijo que disfrutó la presencia de Dios más que cualquier otra persona. "Dios mío, Dios mío ¿Por qué me has abandonado?"

¿Cómo podría esculpir eso? Este sería el panel más difícil de los siete. Entre todas las siete palabras, esta es la que provenía del lugar de dolor más profundo. Fue en un momento de abandono tan profundo que no se podía encontrar o sentir la presencia de Dios. Esta sería la palabra a la cual estaría adherida la pregunta constante de "¿Dónde está Dios?"

Empecé con la figura de la crucifixión, Jesús como hijo sintiendo la pérdida de la presencia del Padre. El llanto de dolor debió haber sido horrible.

Esculpí la cabeza tan atrás como me fue posible y con la boca abierta totalmente, todo apuntaba hacia arriba. Los labios extendidos, soltando un último aliento. No poder sentir la presencia del Padre en este punto durante la crucifixión debió haber sido la última cosa que Jesús se pudo haber imagino que le podría pasar.

¿Dejaría el Padre que Jesús supiera todo lo que le iba pasar durante la crucifixión en Getsemaní? ¿Sabría él que el Padre lo abandonaría intencionalmente? ¿Sería esa la señal para Jesús cuando sudó sangre? Este grito en la crucifixión había sido dirigido hacia arriba buscando una respuesta, pero sin encontrarla.

Pensé que las palabras "Dios mío" indicaban un nivel de abandono. ¿En qué momento Jesús se había referido a Dios como Dios? Él siempre se había referido a Dios como el Padre.

Mientras trabajaba en la pieza, fui a ver un amigo cercano, un judío creyente que había perdido familiares durante el Holocausto. Cuando le dije que estaba teniendo dificultades con esa palabra, "Dios mío, Dios mío ¿Por qué me has abandonado?", él me dio un libro que estaba escrito por un miembro del Sonderkommando. Ellos eran hombres en unidades especiales, consistían de judíos prisioneros en campos de muerte nazis.

Al ser amenazados de muerte, se vieron forzados a "facilitar la mentira". Tenían que decirle a los que se bajaban de los vagones del tren que esto era solo una parada y que ahora debían tomar una ducha. Los hombres del Sonderkommando hablaban Yiddish por lo general y ayudaban a calmar los miedos y las preguntas de aquellos que eran llevados para ser asesinados en las cámaras de gas.

El hombre que escribió el libro dio un testimonio de que el proceso en el cual lanzaban el gas duraba aproximadamente veinte minutos. Durante los primeros diez minutos él podía escuchar los gritos y las oraciones de la gente aumentando en la cámara de gas mientras morían las personas hasta que finalmente el gas silenciaba los gritos.
Él decía que incluso ahora que es anciano aún no puede olvidar los gritos que por siempre lo acompañarían. Él luego se refirió a que escuchó una y otra vez en las voces moribundas un llanto que era tomado de los primeros versículos de Salmos 22 "¿Dios mío, por qué me has abandonado?"

Eso me impresionó, este hombre estaba relatando una historia que vivió y que implicaba que las mismas palabras que fueron dichas en llanto en las cámaras de gas eran exactamente las mismas con las cuales estaba trabajando sobre el grito de Jesús en Sus últimos minutos de vida.

No me había dado cuenta que esas mismas palabras estaban en los Salmos, pensé que solo habían sido dichas por Jesús durante la crucifixión. La identificación de ambas cosas la crucifixión y el Holocausto era tan exacta que cambió la manera en que iba a esculpirlo.

Sentí que ambas figuras, el Holocausto y la crucifixión debían parecerse lo más posible. Sabía que cuando me tocara esculpir la figura del Holocausto tenía tres marcadores visuales que podía usar: la cabeza rapada, las ropas con rayas y el número de prisionero tatuado. Cuando empecé a esculpir la cabeza para la crucifixión me di cuenta que la cabeza tenía que estar afeitada y que no había barba.

De cierta manera Jesús estaba empezando a identificarse plenamente con los judíos del Holocausto y sentí miedo ya que me dirigía a un lugar de profunda intimidad al cual no pertenecía, pero al cual tenía que ir.

Estaba siendo guiado hacia el aspecto del número tatuado, la última conexión del sobreviviente con el infierno que representó el Holocausto, ese lugar de la memoria que no iba a desaparecer. El cabello podía crecer de nuevo y las ropas podían ser quemadas después de salir de los campos, pero el número quedaría por siempre registrado en tu cuerpo. Este número tenía la habilidad de transportar a un sobreviviente a los recuerdos de los campos en un instante. He conocido a sobrevivientes que luego de venir a Israel después de la guerra, optaron por usar siempre camisas de mangas largas para cubrir el número así nadie podría verlo ni preguntar al respecto.

Tengo una amiga cuyos padres sobrevivieron a Auschwitz. Era hija única y había crecido, como ella dice, con fantasmas, ya que muchos de sus familiares a quienes ella nunca había conocido habían muerto, pero estaban vivos de muchas maneras en la memoria de sus padres. Su madre siempre buscaba hablarle acerca del Holocausto lo cual es atípico. Su padre por otra parte se mantenía en silencio la mayoría del tiempo exceptuando las noches ya que ella lo podía escuchar llorando. Ella me dijo que nunca podía mostrar emociones cuando era niña ya que sabía que quizás ellos no podrían lidiar con eso. Cuando tenía cuatro años de edad, se dio cuenta que la razón por la cual su padre no podía hablar y siempre estaba triste era debido al número que tenía tatuado en su brazo. Ella le preguntó si podía intentar lavárselo. Ella intentó por un largo tiempo con varios tipos de jabón, pero el número seguía allí. Siempre permanecía.

Sabía que debía colocar un número en el brazo de Jesús, debía existir una identificación completa con las víctimas del Holocausto. Sabía que el número significaba para los ojos de los sobrevivientes y sus hijos. Sabía, mientras colocaba un número en la figura de Jesús, que la crucifixión cargaba muchas memorias negativas para el pueblo judío. ¿Cómo podría tocar este nivel de dolor? Este era el peor momento de los siete años que me tomó el proceso de crear "La Fuente".

Pero sabía que tenía que hacerlo ya que la figura de Jesús y la del sobreviviente del Holocausto debían verse exactamente igual.

Cuando le mostraba "La Fuente" a grupos de personas, algunas personas me preguntaron por qué elegí colocar el número 1534 en el brazo. Aunque ellos no podían entender mi lucha emocional con la creación de este panel, por lo general trataba de explicar lo difícil que había sido para mí colocar ese número allí y cómo finalmente había decidido colocar 1534 ya que uno más cinco son seis representando así los seis millones de judíos que perecieron y tres más cuatro son siete, lo cual se relaciona a las siete palabras de la crucifixión.

"Quizás el número significa algo más," sugerían las personas.

"¿Pasó algo significativo a los judíos en el año 1534?" me preguntó alguien.

"¿Quizás el número tenía algo que ver con los discípulos de Jesús cuando intentaron pescar toda la noche y no lograron atrapar nada?" Jesús les dijo que lanzaran la red hacia el otro lado y atraparon 153 peces.

"¿Qué hay del número cuatro entonces?" les preguntaba.

"Bueno quizás te equivocaste allí," dijo la persona.

Cuando compartía sobre mi viaje con "La Fuente" hablando con grupos por lo general trataba de ser educado y dejar que la gente interpretara lo que quisiera, tomando en cuenta que ellos no entenderían las emociones implicadas en su creación hasta que un día le dije a un amigo amante de las especulaciones y él agrego su propia versión.

"¿Quizás puede ser un capítulo y versículo?" sugirió él. De nuevo traté de ser educado y dije, "como digas."

"He estado buscando y conseguí algo," me dijo mi amigo unos días después por teléfono.
Ya me había olvidado de qué se trataba su búsqueda y lo escuché.

"He estado buscando en todos los libros de la biblia hasta que me encontré con Marcos 15, versículo 34," me dijo. "¿Sabes qué está escrito allí?" Cuando lo leyó me quedé estupefacto.

"Y en el último momento Jesús gritó y dijo "¿Eloi, Eloi, lama sabachtani?" Lo cual traducido quiere decir, "¡Dios mío, Dios mío! ¿Por qué me has abandonado?"

Estaba impresionado ya que yo había elegido los números de manera aleatoria y correspondían con ese verso bíblico. De alguna manera, Dios Mismo había marcado esas palabras.

Esculpí la figura representando el Holocausto con sus brazos hacia atrás y su cuerpo proyectado hacia adelante. En las caras de las víctimas del Holocausto y de la crucifixión, hay la misma expresión, el mismo grito hacia arriba, la misma desesperación, el mismo último aliento.

Esta figura es la única que da la espalda a la crucifixión, ambos hombres aparecen gritando, pero por separado, solos.

El cuerpo proyectado hacia adelante en una manera mostrando el lamento de "¿Dónde estaba Dios?" expresado a través del tiempo ha sido comprobado históricamente que ese era el lamento en las cámaras de gas en aquel entonces. Es aún el mismo lamento. La cara de la figura del Holocausto es como un reflejo de la cara de la figura crucificada. Ambos hombres tienen el mismo lamento, el Jesús crucificado, es un hijo haciendo una pregunta genuina, el otro, una víctima del Holocausto, se ha volteado y no pregunta solo acusaba.

CAPÍTULO 42

"¡Tengo sed!" Juan 19:28

Cuando empecé a esculpir el panel de "Tengo sed", empecé a pensar en Jesús cuando Él hizo la declaración que Él es agua viva y que, si alguien viene a Él y bebe, esa persona más nunca tendrá sed. Pero Jesús ahora tenía sed, ¿Qué significa eso? Empecé a pensar que Jesús es un pozo de agua viva y ahora Él dice que tiene sed, puede significar que todo dentro de Él había sido dado, había sido derramado.

Esculpí la cabeza en la crucifixión viendo hacia abajo con su boca abierta; las manos son surreales y los dedos son largos y apuntando hacia abajo; el cuerpo es empujado hacia abajo y los pies tienen la forma de una gota de agua. Sentí que todo debía moverse hacia abajo y los pies representaban la última gota incluso la última gota.
Esto me hizo pensar en lo que los sobrevivientes me habían dicho que, para poder sobrevivir en los campos, no podía haber más emociones humanas, no más lágrimas.

Pensé en la característica del agua, cuando se derrama, busca llegar hasta el lugar más bajo posible. Todo lo que había en la escultura se estaba moviendo hacia abajo así que coloqué la figura representando al Holocausto en posición agachada. No se está arrodillando sino agachando. No quería hacerlo ver como si se estaba arrodillando ante la crucifixión, sino que se estaba identificando con sus propias lágrimas, su propia sed.

La sed, había sido dividida en dos partes. Una sería la parte física que le trae muerte al cuerpo, la otra parte sería la sequedad del alma lo cual trae una muerte interna.

Ha sido descrito por sobrevivientes a los campos que les tocaba sobrevivir con porciones pequeñas de comida, pero sin agua se podía morir en poco tiempo. Había muchos hacinados en los vagones de los trenes que habían muerto de sed.

Así que el sobreviviente podía sentirse identificado con la sed que mata al cuerpo. La sed interna viene cuando no hay emociones humanas, no más lágrimas. Los campos también le quitaban eso a las personas.

Esa es la razón por la cual la figura que refleja el Holocausto se comunica con ambas manos. Una mano está tocando el suelo buscando el agua para satisfacer el cuerpo, la otra mano está casi tocando los pies, la última lágrima, identificando la sed del alma.

CAPÍTULO 43

"¡Está consumado!" Juan 19:30

"Está consumado," es una palabra que tiene muchos niveles de significado. ¿Cómo podría esculpir esto? ¿Está Jesús terminando Su sufrimiento? Eso en sí es impresionante ya que una crucifixión podría durar varios días.

¿Murió Jesús más rápido debido a la severidad de la flagelación que Él había recibido? La crucifixión ocurrió antes de la celebración de la pascua. Los gobernantes judíos exigían que se rompiesen las piernas de los crucificados para que así muriesen más rápido por sofocación. De esa manera aquellos que fuesen crucificados no estuviesen aún allí con vida durante las festividades de la pascua. ¿Ser el Cordero de Dios significaba que Jesús debía morir antes que empezara la pascua? Decidí que estas palabras debían ser una declaración, no sólo palabras que fueron susurradas. Tenían que ser intencionales con fuerza y enfoque.

Así que esculpí la cara viendo hacia afuera. La expresión tenía que ser fuerte e intencional. Coloqué los dedos de las manos cerradas cubriendo los clavos para que de esa manera no se vieran las cabezas de los clavos. De esta manera yo trataba de decir, "Está consumado. Pero no está terminado. Yo, Jesús lo he terminado." Jesús se había entregado a sí mismo la crucifixión en Getsemaní y ahora con autoridad estaba declarando su consumación.

Ahora la figura del Holocausto, ¿Cómo podría él responder a esta declaración? La población más grande de judíos conquistados por los judíos había estado allí. Polonia había sido un hogar para los judíos. Existía una expresión completa de la cultura judía en Polonia por casi mil años, esta cultura fue destruida durante los seis años del holocausto.

La destrucción fue tan completa que ya nada podría ser lo que había sido antes. Estaba consumado.

La figura del Holocausto representa a Polonia en 1945. En 1945 el único país del planeta que quería a los judíos era Palestina. Sin embargo, el gobierno del Mandato Británico hizo todo lo que pudo para evitar la inmigración judía.

Las víctimas del holocausto se cubre la cara con una mano, mostrando una pérdida de identidad, su otra mano está levantada, intentando mostrar una dirección con su dedo índice. Pero el dedo está doblado hacia abajo, no hay dirección, no hay lugar donde ir. Tiene una historia que él ya no puede ver y un futuro sin dirección.

Está consumado.

CAPÍTULO 44

"En tus manos..." Lucas 23:46

"En tus manos encomiendo mi espíritu," son palabras finales, las últimas palabras, la última expresión en el momento que Jesús entregó Su espíritu en las manos del Padre. Con esta pieza, tenía que esculpir una figura que ya no tenía más que dar. El cuerpo está en la posición más baja que tuvo en todos los demás paneles de crucifixión. Todo el aliento se le ha sido arrebatado, los dedos de las manos apuntan hacia abajo y la cabeza reposa sobre su pecho. El espíritu ya se ha dado por vencido.

¿Cómo entrega su espíritu una víctima del Holocausto, a quién se lo entrega? Sentí que, si la figura del Holocausto del panel anterior representaba a 1945, esta figura representaría los años entre 1945 y 1948. De manera tal que él podía representar un entierro judío.

La figura de bronce ha caído, colapsó y ahora está en el suelo. Una mano intenta tocar el agua que representa las lágrimas en el pilar, el otro brazo está entre levantarse o tumbarse completamente.

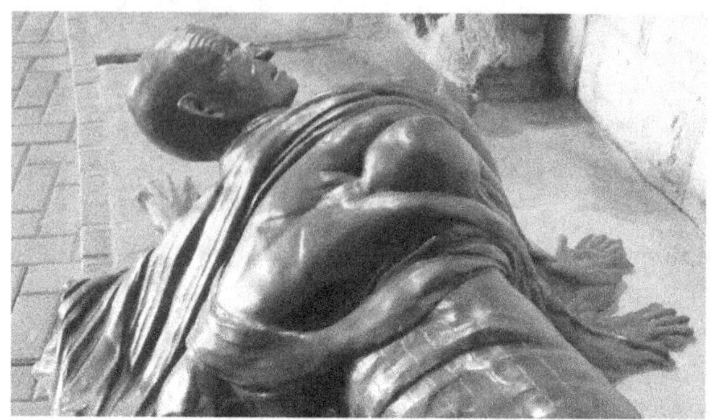

Sobre la figura hay una tela pesada, un manto de muerte. Entretejido en los pliegues de la tela hay un cuerpo demacrado con sus manos hacia el suelo, cabeza arriba.

Los sobrevivientes que había conocido, después de haber sido liberados de los campos de concentración nazis en 1945, fueron asignados a campos de personas desplazadas por casi tres años. Allí luchaban con respecto a su dirección e identidad. Era como estar enterrado con los muertos. Aún en Europa, no se sabía si había que acostarse en la tumba o tratar de levantarse. Las manos del cuerpo en la tela levantada hacia arriba representaban a los muertos diciéndole a los vivos, "En tus manos encomendamos nuestros espíritus y memorias."

CAPÍTULO 45

La Mariposa

Después de la muerte y el entierro, ¿Podría haber resurrección?
La pregunta parecía estar flotando en el aire sobre si ¿Había una relación entre la crucifixión y el Holocausto? ¿Puede haber algo en común con los sufrimientos de ambos? La muerte era obviamente parte de ambos, pero ¿Y el entierro? Había algo de similitud respecto al tiempo. Jesús estuvo enterrado por tres días, el pueblo judío por tres años, desde la primavera de 1945 hasta la primavera de 1948 cuando Israel se convirtió en una nación.

¿Marcaba esto el final de un entierro y el inicio de la resurrección? Durante mi trabajo en el muro, esos eran los únicos pensamientos que tenía. El muro se había convertido en el diálogo de sufrimiento entre la crucifixión y el Holocausto. Pero ahora me estaba haciendo a mí mismo preguntas más profundas.
Había creado la "Mariposa" durante mi trabajo en la "Fuente de Lágrimas". El niño en el crematorio había nacido de un libro y de la música. El libro "Nunca vi otra Mariposa", una colección de poesía de niños judíos salvados del Holocausto específicamente de un gueto llamado Terezín (Theresienstadt).
La mayoría de los niños de Terezín no pudieron ser salvados, sino que murieron asesinados en las cámaras de gas de Auschwitz-Birkenau. Estos poemas cortos constituían sus últimas palabras.

La primera copia de la "Mariposa" acompañaba al Oratorio Terezín. Después de tres presentaciones del oratorio en Israel, la escultura fue dada al museo dedicado a los

Bosquejo de la pieza la "Mariposa"

niños de Terezín en el Kibutz Givat Haim. La segunda copia de la escultura quedó hecha y estaba destinada a ser llevada a un museo en Europa, pero eso no ocurrió y la pieza se quedó conmigo.
Se mudó con nosotros cuando tuvimos que irnos de Cadim.

Cuando empecé a trabajar en el muro para "La Fuente" siempre estaba cerca de mí esa obra, pero sólo como una espectadora. No había pensado que la "Mariposa" se convertiría en una parte de "La Fuente".

Pero ahora ya que había empezado el diálogo entre el Holocausto y la crucifixión, la cuestión de la crucifixión era algo que ahora estaba presente. Al ver la pieza de la "Mariposa" empecé a ver la resurrección. La mano del niño a través del crematorio agarrando un pedazo de tierra es la resurrección.
Esa mano era el principio de la resurrección de un pueblo en su tierra. El niño la posee, se agarra de ella, pero al igual que la mariposa, él nunca la ve. Así como la mariposa en la pieza, la resurrección está fuera del alcance del niño, no la puede sentir, pero es suya.

Las hojas de olivo, representando el aceite de oliva, cubren el suelo. Este aceite, desde un punto de vista bíblico, era usado para sanar y para unciones. Este aceite sería para Israel, surgiendo ahora como nación desde las cenizas de los crematorios, su sanación, para que conociera la unción de Dios sobre ella.

Mientras visitaba Terezín en 2004, caminaba desde las barracas hacia un campo amplio que estaba marcado como una fosa común.
Para conmemorar aquellos que habían perecido, hay una enorme Estrella de David erigida en una parte me trae que una escultura de una menorá está del otro lado. La Estrella de David está colocada sobre las piedras sin marca que están colocadas de manera aleatoria en el campo.

La última, exactamente la última.
Tan rica, tan brillante tan impresionantemente amaril-
la.
Quizás si las lágrimas del sol cantasen
Contra una roca blanca...
Tal, tal amarillo
Se elevaba hasta lo más alto.
Se fue porque estoy seguro que deseaba
Darle un beso de despedida al mundo.
Por siete semanas he vivido aquí,
Acorralado en este gueto
Pero he encontrado a mi gente aquí.
Los dientes de león me llaman
Y las velas de castaña blanca en la corte.
Solo que nunca más vi otra mariposa.
Esa mariposa era la última.
Las mariposas no viven aquí,
En el gueto.

Poema escrito por Pavel Friedmann el 4 de junio de 1942. Él murió
en Auschwitz-Birkenau el 29 de septiembre de 1944.

En una esquina del campo a lo lejos hay una construcción que fue utilizada como crematorio para aquellos que habían muerto dentro del campo Terezín. Una valla memorial dice, "Dedicada aquellos que no se les dio el derecho de morir en su propia tierra". Después de reflexionar acerca de esas palabras, quedé revuelto por dentro y empecé a llorar. "Su propia tierra," la frase seguía en mi cabeza. De alguna manera esas palabras tocaron un área que simbolizaba tanto para el pueblo judío durante aquel tiempo, un pueblo que ni siquiera tenía su propia patria donde ser enterrados. Pero ahora sí la tienen.

Comprendí que esta pieza "Mariposa" tendría que ser la continuación de "En tus manos encomiendo mi espíritu". Las últimas dos piezas representarían dos partes de la resurrección, la tierra de la nación y luego el pueblo. Primero habría un inicio físico de la vista y luego una resurrección de la relación.

CAPÍTULO 46

El Abrazo Final

La pieza final sería la resurrección de la relación, la declaración final que se trataba acerca de acercar ambas personalidades.

Pensé que tenía que haber una conexión visual al principio. La copa del sufrimiento de Getsemaní, que había estado llena, ahora debería aparecer vacía. Luché un poco con este pensamiento: Getsemaní había demostrado que la crucifixión había sido la voluntad del Padre, ¿Habría sido también la copa de sufrimiento de los judíos voluntad del Padre?
Algunas veces hago preguntas, pero sé que no tengo la posibilidad de obtener una respuesta así que solo esculpo.

Esculpí dos figuras, la mitad de sus cuerpos salían de las piedras, piedras que representaban a los muertos. Jesús se había entregado para tomar de la copa, así que debía ser él quien la sostuviera, alzando la copa por encima de ambos. Esto para mí sería la pieza que transmitía una esperanza futura, sería el reconocimiento de ambos, un abrazo dador de vida para ambos.

La palabra "restitución" había empezado este proceso entero que iba completarse en un tiempo de gracia y favor sin precedentes en el cual Dios Mismo iba a regresarle al pueblo judío todo lo que se le había arrebatado, todo lo que el enemigo les había robado.
Esto, creo yo, es su oración y ahora es mi oración, que Dios recordará los seis millones y le regresará todo lo que se le haya quitado a Su pueblo como consecuencia del Holocausto. Siempre me pregunto a mí mismo ¿Habrá sido la "Fuente de Lágrimas" una expresión de esta oración? ¿Comunica esto la palabra "restitución" de alguna manera?
Veo este viaje creativo como una intercesión algo que el Señor ha empezado.

En algún punto eso tendrá que ser un fin, una culminación.
En un momento le pregunte al Señor, no muy en serio y sin esperar respuesta, "¿Terminará esta intercesión algún día?" De pronto estaba impresionado y sentí una respuesta inmediata del Señor. Sentí que me dijo, "Cuando Jerusalén sea una alabanza en toda la tierra." Fue algo directo y repentino, se sintió profundo y definitivo.

Cuando Jesús sea completamente Rey entonces Jerusalén será una alabanza en toda la tierra. ¿Cuándo sería eso? Pensé que eso podría ser una intercesión muy larga. ¿O quizás no?
Sentí que Él había dicho que había un final. Pero el tiempo en que ocurriría esto estaba en Sus manos y yo se lo dejaría todo a Él.

CAPÍTULO 47

Una "Fuente de Lágrimas" en Arad

"La Fuente" pasó por distintas etapas de construcción y ahora ya estaba completamente en pie, básicamente en un espacio cerrado de nuestro patio. Vivimos en Arad, una pequeña, ciudad en el desierto en la tierra de Judea, un área de Israel, que queda a dos horas y media al sur del país en auto, cada vez aprendo algo nuevo, pero nunca aprendo tanto como cuando llegan sobrevivientes del Holocausto. Sus respuestas nos han sorprendido y han llevado nuestro entendimiento a un nivel más profundo.

En general, los israelíes se impresionan cuando entran por primera vez al patio de "La Fuente" ya que de inmediato son confrontados por estas dos personalidades de la crucifixión y el Holocausto. Aunque reconocen los elementos visuales, no entienden la conexión, ya que ambas personalidades han estado separadas por dos mil años. Por una parte, quedan impresionados por la que ven y por otra también se sienten atraídos.

Probablemente nuestro encuentro más dramático fue como una mujer de negocios que trabajaba con la municipalidad en Arad. Al escuchar acerca de "La Fuente"ella no tenía claro lo que estábamos haciendo, así que decidió apartar algo de tiempo para visitarnos. Cuando nos llamó para establecer día y hora en que iría nos recalcó el hecho que ella iba a estar allí solo por quince minutos ya que tenía otras citas. Al llegar, Lili dio unos pasos, se detuvo y se quedó viendo fijamente los paneles se colocó una mano en la boca y otra en el pecho.

"¡No puedo respirar! ¡No puedo respirar!" dijo eso varias veces y luego me vio y me dijo, "¡Has tomado las dos cosas más difíciles de nuestra historia y las has servido sobre la misma mesa! ¡El alcalde tiene que ver esto!"

De inmediato ella empezó hacer llamadas y debido a la visita de Lili, recibimos la visita de tres grupos de la municipalidad.

Por lo general son los israelíes quienes nos preguntan "¿Por qué este no es un lugar público?"

Quieren que todos vean "La Fuente". Su reacción a la obra ha sido todo lo contrario a lo que me había esperado.

Bueno claro que sí ha pasado que algunas personas se han molestado y hasta enfurecido. Siento que cualquier tipo de reacción es buena, demuestra que ha habido una respuesta a algo que pudo haber estado durmiente pero que ahora ha sido revuelto y no puede ser ignorado.

Los israelíes querían escuchar mi historia, el proceso de cómo surgió "La Fuente", qué me llevó a tocar ese tema del Holocausto e incluso compararlo con la crucifixión. Es difícil para mí darles una respuesta definitiva porque inicialmente no tenía idea ni un plan acerca de la que sería o expresaría esta obra.

La "Fuente de Lágrimas" es mi respuesta a lo que sentí que el Señor me estaba mostrando, incluso siendo una pequeña muestra de lo que había en Su propio corazón. Al final, solo quedaba una pregunta: ¿Por qué el sufrimiento, el dolor y el sentimiento de abandono?

El arte tiene muchas capas de comunicación y cada visitante nos enseña algo al decirnos lo que ven. Lo más importante que descubrimos es que el lenguaje del arte sobrepasa el intelecto humano y toca directamente al corazón. La gente habla desde la posición de lo que sienten en su corazón lo cual a veces expresa lo que hay en lo más profundo de ellos. Sus palabras son una sorpresa para nosotros y a veces para ellos mismos.

Algunos israelíes preguntan, "¿Fue esto un encargo o pagaste por esto tú mismo?" ellos quieren saber la verdadera fuente de la obra. Cuando descubren que fue fundada por Dafna y yo, entonces empiezan a hacer una serie de preguntas. Pueden escuchar nuestras explicaciones en hebreo y quedan impresionados con el hecho que nosotros siendo gentiles tenemos ciudadanía israelí. Ellos no pueden entender por qué queríamos la ciudadanía. Pero luego hacen la pregunta principal.

"¿Serviste en el ejército de aquí?" esto siempre lleva una carga de mucho significado cuando les digo que, "Sí" luego continúan "¿Tienes hijos?"

"Sí, dos hijos."

"¿Ellos también sirvieron en el ejército de aquí?"

"Sí." Luego sin decir más viene algo de sentido común y dicen.

"Perteneces aquí con nosotros, no eres tan ingenuo, tú entiendes completamente lo que has hecho aquí. Ahora dime y respóndeme ¿Por qué?"

Geoff Barnard

CAPÍTULO 48

Una "Fuente de Lágrimas" en Birkenau – El viaje

De cierta forma, la "Fuente de las Lágrimas" en Birkenau empezó con la historia de la cara del modelo para la figura del Holocausto.
Cada vez que yo tenía que ir a Polonia o Europa, siempre intentaba visitar Auschwitz buscando conocer más acerca de ese hombre misterioso que había visto en la película introductoria de 15 minutos y del cual se sabía tan poco.

En el año 2008, el Señor me habló fuertemente que el año 2012 iba ser un año como nunca había vivido. Por lo general tengo algo de precaución cuando hay gente que pone mucho énfasis a cierto año o predice eventos que ocurrirán en fechas específicas. La mayoría del tiempo no presto atención porque por lo general abusan sobre todo cuando se trata de Israel.

En muchas ocasiones algunas personas han hecho predicciones o han profetizado diciendo cosas como, "Esto va pasar aquí y luego allá" o, "En ese cierto año va haber una gran guerra," etc. La gente siempre da fechas y por lo general no ocurre nada. Aunque me di cuenta que esta voz acerca del año "2012" provenía del Señor, pensé, estamos en el 2008, eso es dentro de cuatro años y quizás para ese entonces me habré olvidado de esto. Así que dejé de pensar al respecto.

Ya era el año 2010 y estaba con Geoff, mi gran amigo, para acompañarlo en su primera visita a Birkenau. Le mostré los lugares del campo y sus alrededores. El clima estaba helado con mucha lluvia – las circunstancias perfectas para ver Birkenau, ya que este tipo de clima se conecta mejor con la memoria del campo. Mientras le mostraba a Geoff el lugar, de repente y de la nada, como si algo hubiese sido interrumpido en la atmósfera presente en Birkenau, sentí al Señor diciéndome, "¡"La Fuente"vendrá aquí, a Birkenau!"
Obviamente impresionado, le presté atención.

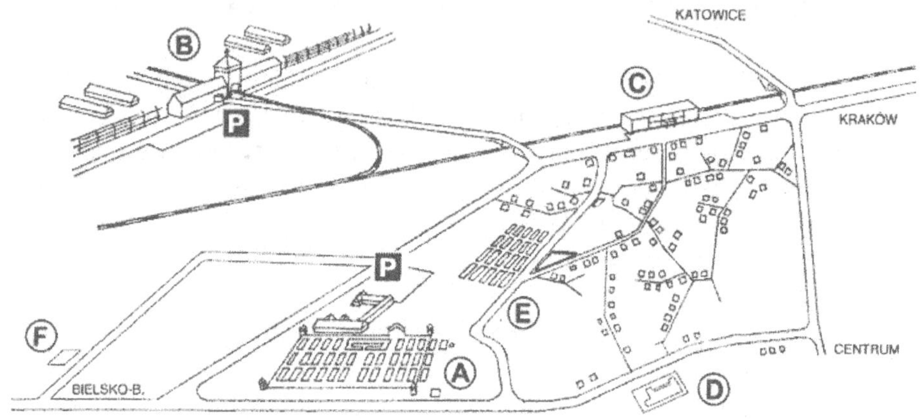

A. Campo principal de Auschwitz

B. Punto de selección del campo dentro de Birkenau – antes y ahora

Dibujos y planos para La Fuente en Birkenau

186

A través de los años aprendí a responder los mensajes "repentinos".
De acuerdo, pensé, si realmente esto proviene del Señor, Él tendrá
que confirmarlo. Pero no voy a buscarlo o forzar a que ocurra.

Durante los siguientes seis meses las cosas empezaron a ocurrir, era
como si el Señor me quería recordar lo que Él había dicho acerca de
Birkenau.
Un día, mientras visitaba unos amigos en Krakow, conocí a una agente
de bienes raíces de Polonia. "¿Qué se necesitaría para comprar una
propiedad en Polonia?" le pregunté sin entrar en detalles.
    "¿Dónde piensa comprar?" me preguntó.
    "Bueno… Brzezinka." Usé el nombre polaco de la villa donde el
campo de Birkenau está localizado.
Sorprendida por mi respuesta, me dijo, "investigaré y si consigo algo
te enviaré un correo electrónico."

Durante el año siguiente recibí varios correos con información acerca
de propiedades, cada vez que iba a Polonia me encontraba con la
agente de bienes raíces y tomábamos un café. Además de la agente de
bienes raíces, Dafna y algunos amigos cercanos, nadie más sabía de
esto. Durante ese período de 1 ½ - 2 años, los pensamientos acerca de
"La Fuente" en Birkenau estuvieron dando vueltas en mi cabeza.

En julio de 2012, recibí otro correo electrónico con información sobre
las propiedades que estaban en venta en Birkenau. Como medio de
confirmación, una de las cosas que le pedí al Señor fue que la propiedad tuviese contacto visual con el campo de concentración de Birkenau.
Ya había visto varias propiedades, incluso en la villa, pero el único contacto visual que esas propiedades tenían con el campo era una esquina donde estaba un puesto de vigilancia. Sentí que era importante
tener todo en orden, pero al mismo tiempo era algo aterrador.
    "Señor, tienes que "golpearme," si esto es un mensaje que vie-
ne de Ti," le dije. "Tengo que saber y estar seguro que eres Tú quien
me habla. Vamos a invertir mucho en esto."

En 1941, los llamados Judenrampe en Auschwitz se convirtieron en puntos de selección para los judíos que llegaban en camiones de ganado desde todas partes de Europa. Un camino de tierra estrecho, que llegaba hasta una plataforma en las puertas de Birkenau. Aquellos que habían sido seleccionados para una muerte inmediata en las cámaras de gas tenían que caminar ese camino hasta las puertas que se encontraban lejos. Aquellos que habían sido seleccionados para vivir un poco más caminaban en dirección contraria – hacia Auschwitz I, el campo principal. En 1944, Rudolf Hess, el comandante del campo de Auschwitz, ordenó que se colocaran vías de tren desde el punto de selección hasta las puertas de Birkenau. De esta manera, podían procesar el transporte de grandes cantidades de judíos húngaros hacia su muerte de la manera más rápida posible. Esas vías tuvieron un efecto emocional en mí.

Mi abuela del kibutz tenía 12 años cuando entró por las puertas de Birkenau en uno de esos camiones de ganado. Al llegar fue inmediatamente separada de su madre y hermana mayor y nunca más las volvió a ver. Ella y su hermana mayor, quien tenía 14 años, iban a ser asesinadas con gas dos semanas después. De alguna manera, terminaron siendo enviadas a Alemania y sus vidas fueron perdonadas debido a que tenían manos pequeñas. La línea de producción nazi necesitaba manos de niños para ajustar un instrumento dentro de las bombas que producían. Al final de la guerra, ambas hermanas fueron liberadas de Bergen-Belsen. Debido a mi relación especial con esa familia del kibutz, estaba emocionalmente conectado a esas vías de tren.

"Si esta tierra que estamos comprando tiene algo que ver con ese camino de tierra que llegaba al campo o con las vías de tren, esa sería la confirmación final que necesito," le dije al Señor.

En julio de 2012, recibí un correo electrónico de una agente de bienes raíces indicando que había encontrado una propiedad que podría interesarme. Incluyó en el mensaje algunas imágenes y un mapa satelital. La persona que tomó las fotos, las tomó frente a la propiedad mostrando todos los ángulos. Debido a que había estado en esa área tan a menudo, pensé que podría reconocer algo y saber exactamente donde fueron tomadas las fotos.

En la esquina de una de las imágenes, noté parte de algo que parecía una puerta. Sorprendido por esto, agrandé la imagen y reconocí las puertas hacia en campo de Birkenau. ¡Supe inmediatamente dónde se encontraba esa propiedad! El terreno estaba junto al camino de tierra, para poder llegar a la propiedad tenías que cruzar las vías de tren que Hess había creado. Sorprendido, me di cuenta que esta era la propiedad que buscaba y ahora debía responder yo. Dafna y yo decidimos que la única cosa que se podía hacer era hacer una oferta a la agente de bienes raíces.

"¿Cuánto piden por esta propiedad?" le pregunté

"95.000 Zlotys," me dijo.

Eso serían $30.000. Dafna y yo pensamos que podríamos hacer un pago de $5.000. ¿Cuáles son los procedimientos polacos para comprar propiedades? Me preguntaba. ¿Hacemos una oferta? ¿Se puede negociar? ¿Cuál es el protocolo usual?

Decidimos afrontar el problema como lo haría un israelí. "Ellos piden Zl. 95.000, así que les ofreceremos Zl. 65.000," le sugerí a Dafna.

Le dimos a la agente de bienes raíces y nos fuimos a visitar unos amigos. Durante todo ese tiempo le envié mensajes de texto a la agente de bienes raíces, preguntando si ya tenía una respuesta ante nuestra oferta y esperábamos empezar a negociar. No recibimos respuesta durante una semana y media.

"Quizás los he insultado," le dije a Dafna. "Quizás la oferta fue tan baja que ni siquiera se van a molestar en respondernos. Quizás arruiné nuestra oportunidad."

Dafna tenía que volver a nuestro hogar en Israel, pero yo me quedé tres días más para encontrarme con algunos amigos de Holanda e Inglaterra que sabían sobre mis planes con la propiedad y querían verla. Mientras les mostraba imágenes de la propiedad recibí un mensaje de texto de la agente de bienes raíces, "¡Han aceptado su oferta!" Era todo lo que decía. Sin negociación por el precio, nada. Sin embargo, al final del texto escribió, "Pero hay una condición."

La llamé de inmediato. "¿Cuál es la condición?"

"Están dispuestos a aceptar la oferta," me dijo ella, "pero deben cerrar el trato lo más rápido posible."

En Israel, cerrar un trato rápido significa que uno tiene 24 horas para hacerlo. "¿Qué quiere decir rápido en Polonia?" le pregunté.

Después de confirmar con los propietarios, la señorita me llamó de nuevo. "Debe cerrar el trato en un lapso de dos meses."

Para mí, eso representaba una buena cantidad de tiempo para reunir la suma de Zl. 65.000, un equivalente de $20.000. Íbamos a pagar $5.000 de nuestro propio dinero para completar la suma y sabíamos que debíamos mantenerlo en secreto y no pedirle dinero a nadie. Solo un grupo pequeño de personas sabía sobre este proyecto.

En Arad, nuestro amigo Geoff, que sabía una parte de lo que ocurría en Polonia, fue a nuestra casa.

"Sé que algo está ocurriendo en Polonia y también sé que tiene algo que ver con una propiedad," dijo él. "No estoy seguro de lo que está ocurriendo, pero si tú y Dafna piensan comprar una propiedad, quiero que sepas que cualquiera que sea la cantidad de dinero que van a invertir, ¡Caryl y yo estamos dispuestos a proporcionarla!"

¡Era algo valiente decir eso! Así que cuando le comenté a Geoff acerca de la propiedad, ellos también pusieron $5.000 para completar la suma que necesitábamos para comprar el terreno de la propiedad.

Dos días después, recibí una llama de Cor, el amigo holandés que había conocido en Polonia.

"Sé que ocurre algo con la propiedad," me dijo. "Soy presidente del consejo de una fundación del Holocausto en Holanda y hablé con los otros miembros del consejo. ¡Hemos decidido apoyar el proyecto con $10.000!"

En exactamente tres días, el dinero que necesitábamos para comprar la propiedad había llegado. Pero luego nos enteramos que era imposible para nosotros, siendo israelíes y no residente de la UE, comprar esa propiedad.

Tres años antes, un grupo holandés había venido a visitar "La Fuente de Lágrimas". Cor Roos, un asesor fiscal, se había conmovido tanto por lo que había visto que dijo. En los Países Bajos, represento a una fundación para monumentos del Holocausto.

Estoy tan impresionado con su trabajo que me gustaría donar $8.000, que usted puede utilizar para relaciones públicas. "¿Forma usted parte de una amuta?" (organización sin fines de lucro).

Siendo un artista independiente, no teníamos un estatus como organización sin fines de lucro. Nos enteramos que teníamos un problema técnico.

"Una fundación solo podía donar dinero a otra fundación, no a un individuo. ¿Puedes establecer una amuta en Israel?" sugirió Cor. Preguntamos, revisamos con nuestros amigos para ver quién tenía amutot.

Al final Dafna concluyó que era muy complicado y muy caro, además de lo difícil que sería tramitar algo con la burocracia israelí. Cuando le comenté esto a Cor, él nos sugirió que registráramos una fundación en Holanda, ya que allí el proceso era rápido y sencillo.

De esta manera, se creó la Fundación Fuente de Lágrimas, y siendo yo el principal artista, podría sacar dinero de ese fondo. La amuta había sido creada para canalizar ese regalo particular de $8.000. Había sido la primera y última donación que se había recibido.

Quizás podemos comprar el terreno a través de la fundación, pensé.

"¿La Fundación Fuente de Lágrimas aún está activa?" le pregunté a Cor.

"Sí, la he mantenido viva, aunque está sin actividad en este momento," dijo Cor. "Solo se necesita activarla de nuevo."

Finalmente, la Fundación Fuente de Lágrimas pudo comprar la propiedad de Birkenau en un período de tiempo de dos meses. A partir de las primeras donaciones pudimos comprar el terreno, contratar un arquitecto y crear los diseños.

Y entonces recordé la palabra que el Señor me había dado hace cuatro años, "¡Debes prestarle atención al año 2012! ¡Será un año como nunca has visto!" Recordando ese año, me di cuenta que otras cosas impresionantes habían ocurrido también. En el transcurso del año 2011, había estado ocupado con varios tipos de proyectos en lugares distintos. De pronto al final de ese año, todo parecía haber cesado.

Había posibilidades de trabajo, pero nada se materializaba. Hasta agosto de 2012, no había vendido ni una sola pieza ni había trabajado en ninguna comisión. Como habíamos ganado suficiente dinero durante el año y medio anterior, teníamos suficiente dinero como para pagar nuestras cuentas por el resto del año 2012. Parecía que estaba ocurriendo algo en Polonia y Alemania. Debido a que no tenía ningún encargo, yo podía participar en esos eventos casi todos los meses.

Era increíble ver cómo Dios había provisto las finanzas para el proyecto de Birkenau. Aunque no tuve ingresos por el lapso de un año, pude viajar a Polonia cada vez que se requería mi presencia para hacer cualquier tipo de preparaciones del proyecto.

En el año 2013, habíamos trabajado en dibujos arquitectónicos. Como mencioné antes, ya que no tenía ningún trabajo o encargo que demandara mi tiempo o atención, me pude enfocar en Birkenau.

Eso fue algo positivo por un tiempo, pero luego me quejé ante el Señor, "¡Ha sido suficiente Señor! ¡Sería bueno tener un encargo ahora!" No ocurrió nada. Había posibilidades y propuestas y ciertos encargos se hubiesen concretado en el pasado, pero esta vez – nada. Llegó un punto en que me desesperé un poco con el Señor, "¡Ha pasado mucho tiempo, Señor!"
Pero mi Padre celestial sabía que yo no iba poder enfocarme en Birkenau de la manera en que lo estaba haciendo si tuviese algo más captando mi atención. Tenía que estar completamente enfocado en este proyecto. Pero aun así intenté, "¡Sería bueno tener un ingreso, Señor!"

Hasta mi contador de 16 años empezó a cuestionar. "¡Has viajado mucho en avión! Se supone que estás trabajando en algo en Polonia, pero no tienes ingresos. Estás gastando mucho dinero, pero ¿No hay ninguna entrada?" Me dijo mi contador, "Sé que tienes tus momentos buenos y malos pero el problema es que estás gastando mucho dinero, haciendo fundiciones y todo esto, pero no tienes un ingreso fijo, esto se ve realmente mal."

Tratando de explicarle de una manera que él pudiese entender le dije
    "Mira, he estado trabajando en un proyecto enorme en Polonia en este momento y eso me va tomar dos o quizás tres años en los cuales el dinero solo va a ser gastado." Esperando que él entendiese, que al igual que con cualquier negocio, uno invierte con la esperanza que el dinero llegará en algún momento.
    "Puedo llevar esto a las autoridades fiscales durante tres años," me respondió, "pero debes demostrar que vas a tener algún tipo de ingreso."
    "De acuerdo," le dije pensando que tenía un año para respirar por los momentos.
Mi contador me entiende hasta cierto punto. Él sabe que soy un creyente y que estoy haciendo todos estos proyectos.

Nos hemos vuelto grandes amigos y hay momentos en que él se siente
lo suficientemente seguro como para hacerme preguntas personales.

De pronto, recibí un encargo con la Sociedad Bíblica en Jerusalén e
incluso vendí unas cuantas piezas pequeñas aquí y allá. ¿Será esto algo
del Señor? Me preguntaba, así que le pregunté, "¿Estás seguro que Tú
realmente quieres que acepte el encargo de la Sociedad Bíblica?
¿Debo hacer esto?"
Casi me había acostumbrado a no tener grandes encargos. Al estar
ahora tan enfocado en el proyecto Birkenau ahora, no quise perder
esa comunión especial con el Señor si aceptaba ese encargo. Sin embargo, el Señor me permitió aceptarlo, lo cual significaba que para el
año 2014 habría algo de ingresos. Mi contador iba a sentirse muy feliz,
así que quizás el Señor hizo esto por él.

El aspecto financiero de todo el proyecto funcionaba de tal manera
que siempre teníamos a la mano lo suficiente para continuar el trabajo. Gracias las primeras donaciones pudimos comprar el terreno, construir el taller y colocar la entrada para el auto. El señor gentilmente
nos proveía cuando estábamos listos para tomar el siguiente paso. Es
un proyecto de fe no uno con fines de lucro. Después de considerar
varias ideas, decidí construir el muro y hacer los paneles en Birkenau
en vez de enviarlos desde Israel a Polonia.

Al final, calculamos que sería más efectivo a nivel de costos construir una fundidora en ese sitio y hacer toda la fundición en la misma locación.

La seguridad del aeropuerto de Israel siempre quería saber lo que yo llevaba en esas enormes cajas.

"Son partes de una pieza de arte que estoy haciendo en Polonia," explicaba yo. "Soy un escultor. Esta es la cera, la etapa antes de la fundición."
Los paquetes de apariencia extraña solo mostraban porciones de la escultura.
Por lo general ellos no entendían lo que les decía, pero sin embargo parecían fascinados porque nunca antes habían conocido a un escultor. Luego el personal de seguridad me habla aparte y empieza a preguntame todo tipo de preguntas personales como, "¿Qué tal es ser escultor? ¿Haces todo tú solo?"
Siempre son muy amables al permitirme cargar todos esos artículos raros en el avión. Sentía un miedo sagrado al entrar al espacio geográfico de Birkenau.
Si existiese un reflejo o relación en "La Fuente" entre el Holocausto y la crucifixión, Birkenau, en mi mente, representaba Gólgota para el pueblo judío, así como Jerusalén había sido la Gólgota para la crucifixión.

Birkenau representa un espacio geográfico sin igual en el planeta. Se ha derramado más sangre judía allí que en cualquier otro lugar de la tierra. La tierra a varios kilómetros del campo estuvo saturada de ceniza, cenizas de los cuerpos judíos saliendo de esas chimeneas. Los crematorios estaban activos las 24 horas del día los 7 días de la semana. Sentí que tenía que haber una casa de oración creada en relación a "La Fuente"que estuviese activa día y noche de la misma manera que los hornos quemaban día y noche. De cierta manera sentí que la tierra alrededor del campo pertenecía a Israel, había sido, de cierta forma, comprada por sangre, sangre judía.

Tomó dos semanas preparar y vaciar el cemento para las bases de la edificación.

Las bases de concreto ya listas. La pequeña edificación funciona como taller de Rick y una mini fundidora para lograr la reconstrucción de las figuras de escala real del sobreviviente del Holocausto para La Fuente de Lágrimas.

Tuve muchos pensamientos y sentimientos en estos primeros pasos. Esperaba que en algún momento el Señor pausase el impulso que tenía y me dijera, "Bien hecho. No tienes que seguir. Tienes mi visto bueno debido a tu disposición."
Pero la palabra que me seguía llegando era, "¡sin retrasos!"
Empezamos a ver esto una y otra vez.
Los planes para construir la edificación fueron entregados y fueron aceptados al final de julio del 2014. El primer paso sería colocar las bases. Empezamos averiguar con contratistas de cemento. Esto por lo general requiere una gran cantidad de tiempo y ya que el verano estaba por terminar nadie quería vaciar cemento cerca del invierno. Así que llegó un contratista con una buena oferta y dispuesto a empezar a principios de octubre.

Durante las primeras dos semanas de octubre en Polonia puede ya sentirse un invierno severo, pero ese año tuvieron algo que ellos llaman otoño dorado polaco, un clima que no habían tenido durante 14 años. El clima estaba hermoso para las dos semanas de preparación y vaciado de cemento. Lo logramos terminar a tiempo antes del invierno y ahora, pensé, podríamos descansar durante la primavera. Nadie iba a trabajar durante el invierno.

En Israel, a mediados de noviembre, recibí una carta de un buen amigo que vive en Vermont, EEUU. Él es experto en construcciones de madera (este es el sistema de construcción que habíamos decidido usar en la edificación para "La Fuente")
No le había hablado por un largo tiempo y él había estado sorprendido por la llamada telefónica que le hice. Él empezó a explicar que él y su socio tenían algo de tiempo libre y que podrían ayudar en la construcción en caso que lo necesitara. Me emocioné, considerando que ellos eran los mejores en este tipo de construcciones. Pensé que querían pasar unos días por allí y luego iban a seguir hacia Israel. Quizás desearían trabajar en primavera, cuando el clima fuese lo suficientemente caliente como para trabajar.

"Eso sería excelente," les dije. "¿Cuándo piensan venir? ¿Y de cuánto tiempo disponen?"

"Podemos ir en una semana y media nos podemos quedar allí durante cinco semanas," respondió mi amigo.

Impresionado por esta respuesta, le dije, "¿Pero y qué hay del clima?"

"Trabajamos en Vermont, en pleno invierno," me dijo.

"Sabemos cómo lidiar con el clima de invierno."

¡Todo ocurrió tan rápido! Una semana y media después yo estaba de regreso en Polonia para recogerlos en el aeropuerto. Un amigo polaco había reservado un apartamento para ellos durante todo el tiempo que se iban a quedar y era fantástico. El clima estaba frío y nevoso pero cada mañana los recogía y trabajábamos todos los días. No había atrasos con la madera, ni con las herramientas, ni con el dinero, no había ningún tipo de atrasos. Todos los muros se construyeron.

Era impresionante ver cómo ocurría todo esto sabiendo que el Señor estaba guiándolo todo. Poco después de mi llegada a Israel en enero, un amigo alemán muy cercano me llamó y me informó acerca de un grupo, "Los Amigos Sajones de Israel". Este grupo de artesanos israelíes estaban interesados en ayudar en la construcción de "La Fuente" en Auschwitz. Nuevamente, yo estaba sorprendido por el justo momento en que recibí esa llamada. Cuando le dije cuánto habíamos terminado de construir él dijo, "¡Excelente! Nosotros podemos hacer el techo."

El techo era una parte complicada del proyecto debido al ancho del área de exhibición donde se iba encontrar "La Fuente". Le dije que estaba esperando los planos del ingeniero para el soporte de acero que debía tener la construcción y era algo que se debía hacer antes de colocar el gran techo. Su respuesta fue, "Apresúrate con eso. Planificamos ir a principios de marzo."

Tenía que regresar a Polonia para tener una reunión con la compañía de acero y tomar algunas decisiones, firmar un contrato e ir a casa. Ahora la oración que hacía tenía que ver con que los trabajadores polacos del acero culminaran su trabajo antes que llegasen los alemanes. Adicionalmente debía llegar una gran entrega de madera que los alemanes necesitarían después que los polacos culminaran su trabajo con el acero. Todo tenía que ocurrir en un período de tiempo muy limitado, pero me mantuve luchando.

Los alemanes llegarían dispuestos a empezar a trabajar de inmediato el 9 de marzo y los trabajadores polacos prometieron intentar terminar el trabajo para esa fecha.

Otra complicación que surgió fue que Dafna y yo habíamos reservado ya tickets para viajar a Canadá y estar allá desde el 1° hasta el 20 de marzo con motivo de mi cumpleaños número 60 y ver a mi papá y a nuestros hijos. Esto significaba entonces que iba tener coordinar todo por medio del Internet.

Los alemanes llegaron a tiempo el día 9, mientras los polacos se atrasaron por un día hasta el día 10. Pero en el día que no pudieron trabajar, los obreros alemanes recibieron un tiempo libre para visitar los campos de Auschwitz y Birkenau lo cual era más importante. En tres días, llenos de trabajo, el gran techo ya estaba construido y estaba impermeabilizado.

Luego de muchas llamadas por Skype, correos electrónicos y transferencias de dinero, todo salió bien, sin retrasos. ¡Qué impresionante es la gracia del Señor!

Dafna y yo teníamos en consideración ciertos elementos con relación al tiempo: El terreno para "La Fuente" fue comprado en el año 2012. Este año era el número 70 en la historia de Birkenau. Setenta años antes, en 1942, se tomó una decisión por parte del alto nivel de las SS en el ejército alemán respecto a todos los judíos de Europa. Ellos la llamaron, "la solución final para el problema judío".

El 23 de enero de 1942, tomaron la decisión que todos los judíos de Europa tenían que ser asesinados usando gas y luego incinerar sus cuerpos. En la primavera de 1942, nació Birkenau y se convirtió en el centro de matanza más grande del régimen nazi.

También en el año 2012, por vez primera en la historia de Israel como nación, la población judía del país llegó a los 6 millones. El Señor había prometido en la palabra "restitución" que Él iba a redimir el número 6 millones de manera tal que lo que un número que representaba muerte para el pueblo judío se transformase en un número que representara vida.

Siempre me impresionaba que el pueblo judío no solo había sobrevivido al Holocausto, sino que también habían formado una nación tres años después del final de esa tragedia. Han tenido amenazas de aniquilación en ese país desde su creación hasta el presente. Aun así, 70 años después siguen de pie recordando una decisión que les quitó a 6 millones de personas que eran parte de su pueblo. Ahora siguen de pie con ese número que se les fue restaurado o restituido, no solo como un grupo étnico que sobrevivió al genocidio pero como una nación judía de vuelta a su tierra propia.

El año 2012, como marca de los 70 años, también marcó el inicio de los tres años subsecuentes. Yo presenciaría una serie de esas marcas hasta enero de 2015 el cual representaba el año de conmemoración número 70 de la liberación de Auschwitz.

Capítulo 49

El Regreso del "León de Judá"

El regreso del "León de Judá" está muy conectado con la edificación en Birkenau, la escultura de un león. Aunque me habían ocurrido tantas cosas durante la conferencia de la "restitución", hubo algo más que me sucedió en ese mismo momento. En aquel tiempo parecía algo pequeño en comparación. Después de la última reunión de la conferencia la gente se quedó conversando antes de irse. Graham, quien estaba rodeado de personas, me llamó para presentarme a sus buenos amigos de California – Tim y Darlene. Después de las presentaciones, Tim, de manera muy directa, me dijo que estaba interesado en una escultura de un león. "Darlene y yo vamos a comprar una casa nueva que tiene un muro grande en la sala de estar," me explicó. Él visualizaba un león en ese muro.

Aunque estaba algo sorprendido con la convicción de Tim, solo le escuché a medias ya que seguía yo pensando acerca de la palabra "restitución" Aún no entendía lo que podía significar. A menudo, al final de las conferencias la gente se siente muy emotiva y dicen cosas que realmente no implican nada, así que solo fui educado y le respondí. "¿El muro es completamente cuadrado? ¿Y aproximadamente cuáles son las medidas?" le pregunté. Tim apuntó con su dedo a un panel que estaba en el techo de la iglesia y dijo que el muro tenía las mismas dimensiones que ese panel.

El panel era tan grande que pensé, él quiere un león de un tamaño considerable y el panel es horizontal, se puede hacer en una dirección más vertical que horizontal, de esa manera el león probablemente debería estar parado.

Él respondió mis preguntas adicionales, pero aun así no tomé su pedido en serio. Tim anotó su número en EEUU en un pedazo de papel y le agradecí y me despedí de todos.

Los meses siguientes fueron consumidos por la lucha vinculada a lo que el Señor nos había mostrado con relación a la palabra "restitución".

La idea de un león en un muro en California apenas se me cruzó por la mente. Pero luego, mientras estábamos durante un verano en Carolina del Norte, junto con varios "repentinos" que nos estaban ocurriendo con respecto a "La Fuente", de pronto recordé a Tim y Darlene. Después de encontrar el pedazo de papel en el que Tim había escrito su número, me pregunté qué debía hacer. Ya habían pasado meses desde aquella primera conversación, pero al final decidí que debía llamarlos. Quizás no están en casa, pensé. Pero por lo menos habré hecho un intento de contactarlos.

Darlene contestó el teléfono e inmediatamente recordó quien era yo.

"¿Cómo va todo con el León?" ella quería saber.

Intentado no mentir, le dije, "Creo que el 'León' está bien."

"¿Podemos ver los dibujos?" Ella me dijo que me enviaría un boleto para viajar a California en unas pocas semanas y que a principios de septiembre les parecía bien.

Colgué el teléfono, un poco impresionado, pensando, ¡Más me vale tomar esto en serio!

Existen muchos tipos de leones y yo no sabía cómo empezar este dibujo. Tratando de recordar la conversación mía con Tim se me vino a la mente cuando dijo que a él le encantaban los leones de la Plaza Trafalgar en Londres. Sin embargo, esos leones están echados y si la memoria no me fallaba, el muro en su hogar era más vertical. Esto quería decir que el león debía estar de pie.

Se me ocurrió que la biblioteca local probablemente tendría libros acerca de los leones y eso me ayudaría a iniciar el proceso. Caminando por la biblioteca mis ojos se fijaron en la sección sobre "Israel" y tomé un libro con imágenes de Israel. En una de las páginas posteriores había una gran imagen de los leones Trumpeldor en Tel Hai.

Yo nunca había ido hasta allá, pero conocía una pequeña historia acerca de Trumpeldor. Una de sus citas falsas era, "Qué bueno es morir por nuestro país". Había dos leones de piedra que marcaban un sitio conmemorativo para él. La manera en que estaban los leones me impresionó - estaban rugiendo hacia arriba y sentados de manera muy vertical. Podía sentir como si algo estaba a punto de ocurrir. Revisé el libro y empecé hacer algunos dibujos, usando las imágenes de estos leones como referencia.

Durante los días siguientes hice muchos bosquejos. Se volvieron poco a poco más de detallados que las imágenes e iban más allá de los detalles de los leones de Trumpeldor. Llegó un momento en el que dibujé una escena de la crucifixión en la melena del león. Al usar las líneas del cabello podías y no podías verla. Luego a la derecha de la escena de la crucifixión empecé a dibujar algo que se asemejaba a un judío religioso sosteniendo pergaminos de la Torah. Luego hice otro hombre y luego otro, casi como una capa tras otra hasta que la figura desaparecía completamente en el cabello del león.
Esto se asemeja a la dispersión del pueblo judío hacia los distintos países, a través de la historia, pensé. La última persona en irse sería el rabino cargando los pergaminos de la Torah. Era como si estas figuras superpuestas se estuviesen moviendo por el lado derecho de la melena del león. En el final de la melena, cerca de donde el cuerpo comienza, pero aún hay melena, había una menorá, que representaba a la diáspora. Al igual que el pueblo judío, fuera de la tierra de Israel y no estaba en una posición apropiada, así que la menorá estaba al revés y flotando. Luego continué con la parte izquierda de la escena de la crucifixión y empecé a dibujar puertas de crematorios del Holocausto. Había una puerta abierta con una chimenea arriba de la misma. Todo este dibujo estaba incorporado en el cabello de la melena.

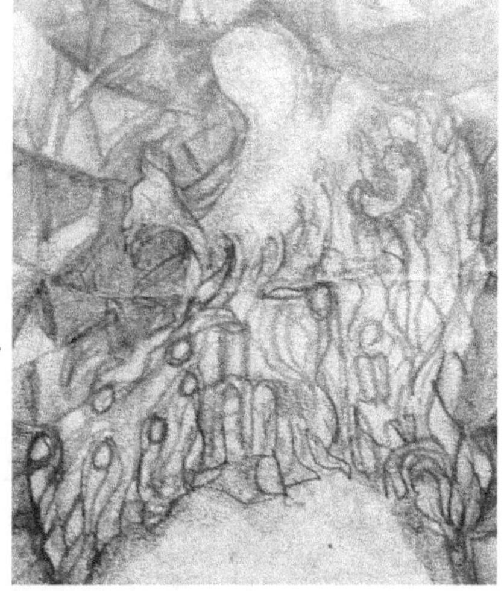

Había humo que salía de la melena y formaba seis figuras surreales que se movían hacia abajo hasta la parte de la melena que cubre el pecho del león. Sentí que una de las figuras debía ser proporcionalmente más pequeña que las otras. Esto representaría el millón y medio de niños judíos que fueron asesinados en el Holocausto. Todos esos dibujos pequeños están entrelazados en el cabello del león, se ve y no se ve. El león que dibujé estaba sentado sobre doce piedras grandes que yo sabía eran una representación de las doce tribus de Israel. La imagen parecía fluir desde mí, yo no entendía, pero sabía que había sido parte de algo especial. Cuando el dibujo estaba completado sabía que este sería el "León de Judah".

No sabía cuáles eran las expectativas de Tim y Darlene pero eso no parecía ser importante en ese momento. Me enviaron un boleto y volé hacia California. Darlene me fue a buscar en el aeropuerto y pudimos conocernos un poco más ya que hablamos durante todo el camino de regreso hasta su casa vieja.

Ellos comenzarían la mudanza a la nueva casa con este misterioso llamado en el muro en pocas semanas. Me quedaría por unos días con ellos y luego regresaría a Carolina del Norte.

Tim llegó tarde, después del trabajo y nos saludamos. Él quería ver el dibujo. Estaba algo nervioso preguntándome cuál sería su reacción al ver el "León". Mientras ellos revisaban el dibujo, extendido sobre la mesa del comedor, me senté en una silla algo alejado. Parecía haber algo de tensión y escuché susurros hasta que Tim vino hacia mí.

"Este dibujo no está ni cerca de lo que había esperado," me dijo y regresó a la mesa. Pocos momentos después él regreso. "No sabes lo que has dibujado aquí. Esto no es para nada lo que hubiese deseado en un león, pero es exactamente lo que debería ser. Me acabo de enterar hace apenas unas semanas que tengo herencia judía en mi familia que había estado oculta por generaciones."

Deduje que esta decisión de esconder el lado judío en la familia de Tim se debía al Holocausto. Muchos judíos que sobrevivieron el Holocausto sabían que eran perseguidos debido a que eran judíos así que decidieron enterrar esa parte de sus vidas y no ser judíos de ese momento en adelante.

Finalmente, el "León de Judá" fue producido en bronce, sentado sobre las 12 piedras, medía tres metros de alto por medio metro en la habitación, dominando completamente la sala de estar del nuevo hogar de Tim y Darlene.
El "León de Judá" se convirtió en una marca, la primera pieza en la que yo combiné la crucifixión y el Holocausto.

Muchos años después, el 27 de enero de 2015, se acercaba esa fecha, Dafna y yo fuimos invitados a formar parte de una conferencia de oración en Auschwitz, marcando 70 años de la liberación del campo.

Habíamos acordado ir para allá pero al mismo tiempo yo había estado trabajando en un león a escala real el cual esperaba tener listo para esa fecha. Llamado "La Venganza del Cordero", es similar al "León de Judá". Está sentado sobre doce piedras y ruge hacia arriba, pero en esta escultura hay un pequeño cordero entre las patas delanteras del león. El cordero está muerto, sacrificado y el león, a través de su rugido, proclama su unión a este cordero y su declaración de venganza. En su melena no está presente el Holocausto como en la primera escultura de león que hice, sino que se puede ver una menorá grande, totalmente vertical, entremezclada en el cabello. Debido a que el pueblo judío está de regreso en la Tierra, la menorá se mantiene colocada apropiadamente. Aunque había esperado que la venganza del cordero y el león se realizase antes del 27, me di cuenta que eso sería imposible.

Una semana antes que viajásemos a Polonia, yo estaba en Jerusalén tratando de mandar a hacer algunas cosas y sintiéndome un poco presionado debido al tiempo. Camino a casa, me sentí más relajado, pensar en que podríamos empezar a empacar nuestras maletas para ir a Auschwitz. Mientras manejaba, contemplaba algunas cosas cuando de repente sentí al Señor diciéndome de manera fuerte que yo debía tomar el león. También yo debía escribir, "Oh, Señor, que mi cabeza sea como un manantial de agua y que mis ojos sean una fuente de lágrimas que tomaría todo el día y la noche," en hebreo.

Además, el 27 de febrero, debía colocar la bandera israelí en la edificación. La presencia del Señor era tan fuerte y Él dijo tanto que tuve que orillar el carro y escribirlo todo. "Pero el león aún no está listo," le dije al Señor.
¡Tú tienes un león! Me dijo el Señor. De pronto recordé. Sí, aún tengo el molde del león original, pero tendrías que venir a encontrarlo y limpiarlo. ¿Y cómo haré las letras hebreas para estos versos de Jeremías? En aquel momento la edificación en Birkenau estaba parcialmente construida y la parte exterior estaba cubierta con pedazos de madera. ¿Debería cortar las plantillas para las palabras y pintarlas sobre el muro? Sentí como si estas muestras temporales serían más marcadas para esta fecha particular.

Si pudiese encontrar el molde del león después de todos estos años y hacer un molde breve y simple y hacer una sola fundida de las piezas en yeso, eso podría funcionar. Pero la bandera me asustó un poco. Poner una bandera israelí en este pequeño pueblo polaco de (Brzezinka) Birkenau, podría resultar en muchas respuestas negativas por parte de los vecinos. Pero esto de verdad parecía provenir del Señor, sabía que debía intentarlo de nuevo.

Dafna fue de gran ayuda para crear los moldes para las letras. Encontré las piezas con moho, las limpié y las coloqué en la papelera. Podía conseguirme con la bandera de Israel en una conferencia de oración. Trabajamos arduamente hasta el día en que viajamos en avión. Pude colocar en molde las piezas para "León" y las podía amarrar con cuerda y grabaciones que esperaba poder usar un bolso pequeño para el viaje. Era muy grande y me llevó 40 kilogramos de más y todo se veía muy extraño.

Pintamos las palabras hebreas sobre un suave pedazo de madera montado sobre ellas y al lado del león he encontrado una bandera israelí y la monté sobre el frente de este ejercicio en el edificio durante la mañana del 27. Ese día, los delegados de todas las naciones, conmemoran el año 70 que marca la liberación de Auschwitz en la entrada del Campo Birkenau.

A unos cuantos metros de esta gran reunión internacional estuvo de
pie una organización que estaba marcada por el llanto de Jeremías el
profeta, para el León de Judá rugiendo, Su intercesión sobre el sufrimiento del pueblo judío y la bandera israelí proclamando la existenci-
de una nación la cual había sido concebida por Dios después de la
muerte.
El "León" que se ve al inicio de su viaje ha marcado cada paso.
Oro porque su rugido sobre el pueblo judío y sobre la tierra de Israel
traerá completa distribución de los contenidos y traerá a Israel a su
esencia original.

En el año 2015, empezó la construcción en su totalidad para la edificación la cual finalmente albergaría "La Fuente" y el mensaje de la misma.
¿Será terminada este año? Sólo el Señor sabe.
Pero estoy convencido que el León ha empezado a rugir y que no
habrá retrasos.

Apéndice

De ser un simple muro a ser la "Fuente de Lágrimas"

Inicios humildes – al principio no había techo que cubriese la exhibición.

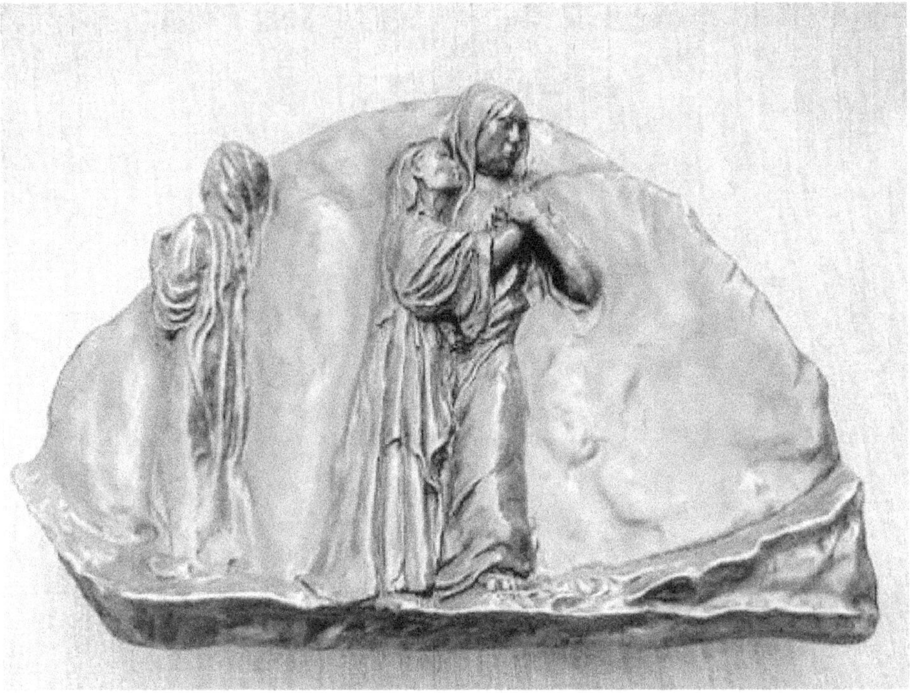

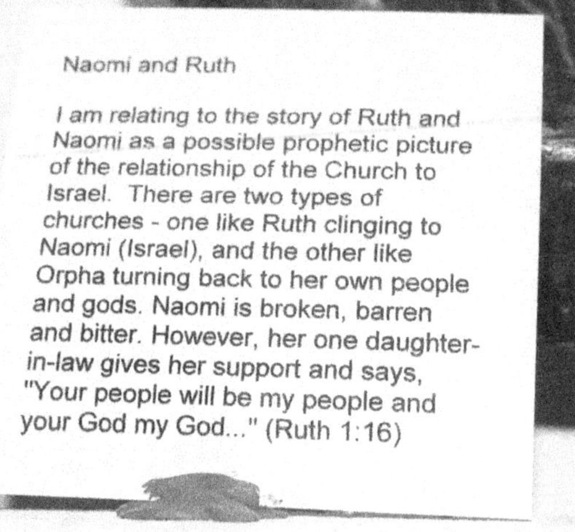

Naomi y Rut

Estoy vinculando la historia de Rut y Naomi como una posible imagen profética de la relación de la Iglesia con Israel. Hay dos tipos de iglesia – una como Rut que se aferra a Naomi (Israel) y la otra es como Orfa dándoles la espalda a su propia gente y dioses. Sin embargo "Tu gente será mi gente y tu Dios será mi Dios..." (Rut 1:16)

Naomi and Ruth

I am relating to the story of Ruth and Naomi as a possible prophetic picture of the relationship of the Church to Israel. There are two types of churches - one like Ruth clinging to Naomi (Israel), and the other like Orpha turning back to her own people and gods. Naomi is broken, barren and bitter. However, her one daughter-in-law gives her support and says, "Your people will be my people and your God my God..." (Ruth 1:16)

Uno de los siete árboles de olivo fuera de la edificación que recibe agua de las "Lágrimas" que fluyen desde las divisiones de roca en el edificio.

215

El plan de estudios está diseñado para ser cubierto en una serie de encuentros de 1½ hasta 2 horas, lo ideal es una sesión por semana.

El DVD *La Fuente de Lágrimas* tiene varias pistas de audio disponibles en los siguientes idiomas: inglés, hebreo, francés, alemán, neerlandés, español, polaco, ruso, griego, cantonés, coreano, portugués.

"Un Diálogo de Sufrimiento entre la Crucifixión y el Holocausto" es un plan de estudios diseñado para uso personal o pequeños grupos de estudio. Este libro también contiene muchas imágenes de La Fuente de Lágrimas. Su intención no es de ser un ejercicio intelectual, esta herramienta de estudio ahonda en una conexión más profunda y en las similitudes que existen entre la crucifixión y el Holocausto. El material está basado en "La Fuente de Lágrimas" un diálogo esculpido de sufrimiento entre la crucifixión y el Holocausto. No esperes conseguir respuestas directas al grano, sino que debes permitirle a Dios nuestro Padre compartir Sus lágrimas una capa a la vez, en las preguntas.

ISBN 978-965-7542-59-0

Fuente de Lágrimas

Sitio Web: http://www.castingseeds.com
Correo Electrónico: castingseeds@gmail.com

Las visitas a La Fuente de Lágrimas DEBEN SER con previo acuerdo. La escultura está situada en una propiedad privada y no es un lugar público. Las citas deben ser hechas con anticipación. Una visita a La Fuente puede durar de 60 a 90 minutos. Por lo general, la presentación es en inglés, pero se puede realizar en otros idiomas. No hay tarifa de admisión.

Para reservar una visita, envíenos un correo con las posibles fechas y horas en que desearía realizarla. Por favor especifique el número de personas y el idioma preferido.

Fundación Fuente de Lágrimas

Sitio web: http://fot-foundation.org

La fundación está registrada en la Cámara de Comercio del Este de los Países Bajos con el número 50086286.
Las donaciones al proyecto de La Fuente de Lágrimas en Birkenau se pueden hacer a través de la Fundación y son desgravables.

www.ingramcontent.com/pod-product-compliance
Lightning Source LLC
Chambersburg PA
CBHW051822150726
47998CB00001B/252